陈六一 陈晓洋 编著

宝玉石投资实务

北京师范大学出版集团
安徽大学出版社

图书在版编目(CIP)数据

宝玉石投资实务/陈六一,陈晓洋编著. —合肥:安徽大学出版社,2023.6
ISBN 978-7-5664-2588-1

Ⅰ.①宝… Ⅱ.①陈…②陈… Ⅲ.①宝石-投资-高等职业教育-教材②玉石-投资-高等职业教育-教材 Ⅳ.①F724.785

中国版本图书馆 CIP 数据核字(2023)第 002104 号

宝玉石投资实务

陈六一　陈晓洋　编著

出版发行:	北京师范大学出版集团 安　徽　大　学　出　版　社 (安徽省合肥市肥西路 3 号 邮编 230039) www.bnupg.com www.ahupress.com.cn
印　　刷:	安徽昶颉包装印务有限责任公司
经　　销:	全国新华书店
开　　本:	787 mm×1092 mm　1/16
印　　张:	19
字　　数:	394 千字
版　　次:	2023 年 6 月第 1 版
印　　次:	2023 年 6 月第 1 次印刷
定　　价:	98.00 元

ISBN 978-7-5664-2588-1

策划编辑:姜　萍　王先斌	装帧设计:李　军
责任编辑:姜　萍	美术编辑:李　军
责任校对:王　晶	责任印制:陈　如　孟献辉

版权所有　侵权必究

反盗版、侵权举报电话:0551-65106311
外埠邮购电话:0551-65107716
本书如有印装质量问题,请与印制管理部联系调换。
印制管理部电话:0551-65106311

前言

近些年,经常有单位请我去作宝玉石投资方面的讲座,有人常常问我,听说您的专业不是宝玉石类的,怎么"突然"就懂"宝玉石"了?而《宝玉石投资实务》这门课程,因不但是本校的课程,还是下沙高教园区的"校际公选课",所以在校内外,同样也有人问起。

我是这样回答的:首先,我不是"突然"就懂的,而是经过几十年学习,现在仍有许多未知的东西,还在不断学习中;其次,什么叫"专业学习"?本科四年进行的是专业学习,研究生三年进行的也是专业学习,博士两年学的还是专业知识,那么,我用了近40年的时间、花费成百上千万的"学费",难道进行的就不是专业学习吗?

上大学时,寝室里几个要好的同学喜欢读诗写诗,不但吟诗赋词,有时候还会有"豆腐干"文章见于报端,他们也习画刻印。我认为自己很文艺,算得上是文艺青年了。但因为语文英语单科分数较低,填报志愿时所报"新闻系""中文系"全部落空,后来辗转就读于"工科院校",而这个"工科院校"出名的偏偏是会计学专业,我这个学会计学的文科学生,还要学习《大学物理》《大学化学》《电工学》,甚至要学习《金属工艺学》《机械制图》《车工》《铣床》等,所以一直到大学毕业,我都只是空有理想,始终没有文学建树。要说几个同学里,我的篆刻是最差的,另外几个同学都刻得比我好,但是从那个时候开始,我就养成一个习惯,不管工作如

何变动,石头始终都伴随我左右。

  2003年,我离开证券公司,被聘为大学教师后,就把宝玉石投资融入《证券投资实务》和《个人理财实务》教学中,当时我敏锐地捕捉到一个信息,银行和证券公司请我去作讲座,他们不是让我讲"股评"而是要求我讲授"宝玉石"知识,他们的理由是他们需要与高端客户对接,必须懂一点珠宝知识。我意识到随着人民群众生活水平的提高,人们对宝玉石的资产配置和需求会越来越大,这就需要投资专业的学生具有这方面知识,不仅要知其然还要知其所以然。果不其然,学校开设《宝玉石投资实务》选修课后,在选课时常常出现"秒杀"的情况,作为"校际公选课",因为每个学校有名额限制,经常出现没有选到课的同学来听课,他们明确表示:给不给学分没有关系,只要让他们听课就行。

  2018年,"珠宝玉石鉴定"赛项被纳入教育部"1+X试点"工作,即确立了"学历证书+若干职业技能等级证书"制度。我带领的学生连续两年经"省赛"闯入"国赛"。2020年因疫情停赛,我们的成绩就停格在"74.36分",虽然成绩不是很突出,但是对于我们这个没有珠宝玉石专业,甚至没有珠宝玉石方向的非珠宝学院来说,已经是很不容易的了。

陈六一
2023年3月

目录

模块一　概论 ……………………………………… 1

一、宝玉石投资的重要性 ………………………… 2
二、宝玉石的分类 ………………………………… 3
【教学图鉴】

模块二　寿山石 …………………………………… 19

一、寿山石的产地 ………………………………… 20
二、福建寿山石——石出寿山，艺在鼓山 ……… 25
【教学图鉴】

模块三　巴林石 …………………………………… 63

一、巴林石的产地 ………………………………… 64
二、内蒙古巴林石——"天赐之石" ……………… 66
【教学图鉴】

模块四　鸡血石 …………………………………… 85

一、鸡血石的产地 ………………………………… 86
二、昌化鸡血石——印章石中的皇后 …………… 89
【教学图鉴】

模块五　青田石 ·········· 107

一、青田石的产地 ·········· 108
二、浙江青田石——石中君子封门青 ·········· 109
【教学图鉴】

模块六　岫玉 ·········· 129

一、岫玉的产地 ·········· 130
二、满乡岫玉——古玉之光，万年瑰宝 ·········· 131
【教学图鉴】

模块七　和田玉 ·········· 139

一、和田玉的产地 ·········· 140
二、新疆和田玉——曾经璀璨今又流芳 ·········· 142
【教学图鉴】

模块八　独山玉 ·········· 161

一、独山玉的产地 ·········· 162
二、南阳独山玉——传说中的"和氏璧" ·········· 162
【教学图鉴】

模块九　华安玉 ·········· 169

一、华安玉的产地 ·········· 170
二、华安九龙璧——中华奇石 ·········· 170
【教学图鉴】

模块十　绿松石 ·········· 177

一、绿松石的产地 ·········· 178
二、绿松石龙——原始中国龙的雏形 ·········· 179
【教学图鉴】

模块十一　红珊瑚 ········ 183

一、红珊瑚的产地 ········ 184
二、台湾红珊瑚——千年珊瑚万年红
　　　　　　　　　　········ 185
【教学图鉴】

模块十二　翡翠 ········ 195

一、翡翠的产地 ········ 196
二、翡翠——不可不知的种和色 ········ 198
【教学图鉴】

模块十三　水晶 ········ 207

一、水晶的产地 ········ 208
二、水晶——璀璨不改奢华依旧 ········ 211
【教学图鉴】

模块十四　青金石 ········ 241

一、青金石的产地 ········ 242
二、青金石——药师佛的化身 ········ 242
【教学图鉴】

模块十五　孔雀石 ········ 247

一、孔雀石的产地 ········ 248
二、孔雀石——深藏在湖底的宝石 ········ 248
【教学图鉴】

模块十六　玛瑙 ……253

一、玛瑙的产地 ……254
二、玛瑙——千种玛瑙万种玉 ……254
三、天珠——一珠易良马，三珠抵高楼 ……255
【教学图鉴】

模块十七　琥珀 ……263

一、琥珀的产地 ……264
二、琥珀——千年蜜蜡，万年琥珀 ……266
【教学图鉴】

附录一 ……271

一、大化石 ……272
二、古铜石 ……272
三、龟纹石 ……272
四、米粒石 ……272
五、藏青玉 ……273
六、卡通石 ……273
七、石胆石 ……273
八、南丹铁陨石 ……273
九、灵璧石 ……274
十、千层石 ……274
十一、古陶石 ……274
【教学图鉴】

附录二 ……285

模块一 概论

一、宝玉石投资的重要性

（一）第三极财富

当今世界，艺术品已成了非常重要的投资标的，它是全球第三大投资项目，是继股票、房地产之后的"第三极财富"。马未都说："古董市场是'静'！股票市场是'动'！我都喜欢！但是，古董市场比股市好，至少不会暴跌！"

说到股票，对于保持10余年"牛市"的美国证券市场，很多人充满羡慕，但是在我看来，中国的珠宝市场已经走过40余年"牛市"，并且仍将延续。

（二）高附加值资产

意大利一位收藏家说过，"世界上只有艺术品是最有价值的，股票的平均增值率是40%，而艺术品的平均增值率是95%"。

【拓展阅读】

财富的最大出口

"我在大学时期就喜欢玩玩石头，只不过是一分钱、二分钱的印章石，而这些几分钱的印章石如果放到现在，那都价值不菲哦，毫不夸张地说，就是'千万'倍的价格。"

这是笔者在《我的师傅——"孟哥"》一文中的一段话。《金牛出水》封门青、封门黑印纽，当时购买只花了10元钱，王尔度篆《武英殿大学士宝鉴印》太狮少狮纽用了40元钱买下，而这些物件现在在市场上是什么价格？对于我的上述言论，也许你们并不相信，但你们可能听过这么一句话，叫作"宝贝自己会说话"。

值得一提的是，在20世纪八九十年代，十几元、几十元，已经算是价格很高的了，1985年笔者的工资才49元，我们可以认为这工资是很低的，因为当时流行的单卡录音机120元/台，双卡录音机380元/台，凤凰牌自行车168元（凭票）/辆……无论是价格高还是价格低，关键看我们有没有投资意识？什么是投资意识？简单地说，就是买什么。当时流行一种"X霸W"游戏机（120元/台），购买者趋之若鹜，我不止一次听人说"电视机要凭票，买不到；游戏机不需要凭票，当然要买"，而面值100元的"浙江凤凰"股票，在杭州的中国农业银行门口竟然有人以六折、七折出售。这可是后来上海证券交易所的"老八股"之一啊!

有同学认为笔者捡了漏,我不这么认为,那是因为我敢于购买,具有一定的投资意识。我亲眼所见,十几张"扬州八怪"的画才卖150元钱,因为我只钟爱石头,所以对于这十几张画作,也就漠然视之。

  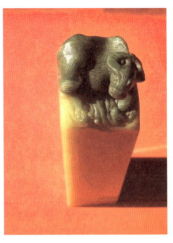

《金牛出水》封门青、封门黑印纽

  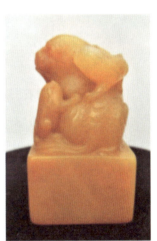

王尔度篆《武英殿大学士宝鉴印》太狮少狮纽

二、宝玉石的分类

根据不同的标准,可以对宝玉石进行不同的分类。笔者以是否是中国候选"国石"为标准,将宝玉石分为中国候选"国石"和其他宝玉石两个大类。

(一)什么是"国石"

所谓"国石",通常是指在一个国家普遍为人们所喜爱、具有优异特性和重要价值,或者是出产在该国并且在加工方面具有显著特色的宝石或玉石。和许多国家已经选定的国花和国鸟是一个道理。

世界上大部分国家以资源特点和民族爱好为标准来选定"国石",少数国家则以商业贸易来确定。

【拓展阅读】

评定"国石"候选石

1999年,中国宝玉石协会举行了第一次"国石"研讨会,发布了中国准备评选国石的消息。一时间,来自全国各地的候选"国石"纷纷汇聚北京:有新疆的和田玉、辽宁的岫岩玉、福建的寿山石、浙江的青田石和昌化石以及内蒙古的巴林石,还有河南的独山玉、福建的华安玉、南京的雨花石和台湾的红珊瑚等。

2001年至2003年,受国土资源部等有关部门委托,中国宝玉石协会多次召开会议。经研讨,确定以福建寿山石、内蒙古巴林石、昌化鸡血石、浙江青田石、辽宁岫岩玉、新疆和田玉、河南独山玉、福建华安玉、湖北绿松石、台湾红珊瑚为"中国十大候选国石"。

(二)世界的"国石"现状

目前全世界有40多个国家已经选定"国石",作为国家和民族的象征。
已经选定"国石"的国家和地区(部分):
钻石——英国、南非、西非、荷兰四国的"国石"。
水晶——瑞士、瑞典、日本和乌拉圭的"国石"。
珍珠——印度、法国、沙特阿拉伯、菲律宾的"国石"。
琥珀——德国、罗马尼亚的"国石"。
珊瑚——南斯拉夫、摩洛哥、阿尔及利亚、意大利的"国石"。
欧泊——澳大利亚、匈牙利、捷克的"国石"。
猫眼石——斯里兰卡、葡萄牙的"国石"。
祖母绿——哥伦比亚、秘鲁、西班牙的"国石"。
蓝宝石——美国和希腊的"国石"。
青金石——智利、玻利维亚、阿富汗的"国石"。
金绿宝石——葡萄牙的"国石"。
红宝石——缅甸的"国石"。
黑曜石——墨西哥的"国石"。
白宝石——奥地利的"国石"。

象牙——扎伊尔的"国石"。

绿玉——新西兰的"国石"。

绿松石——土耳其的"国石"。

橄榄石——埃及的"国石"。

孔雀石——马达加斯加的"国石"。

关于世界各国的"国石",有不同的版本和不同的说法,以上所述"国石"是在综合多方资料基础上得出的结论,相对准确。社会上也会出现以讹传讹的情况,最近一两年,网络平台上出现了许多关于南非"国石"的言论,说南非的"国石"是"舒俱来",甚至有人还故弄玄虚地说,"舒俱来"有"治癌"的功效,这就是典型的以讹传讹的结果。

笔者查阅许多资料,梳理出这样的脉络:"舒俱来"就是"苏纪石"。中国、南非、日本、加拿大和美国均有出产,无论是品质还是产量,南非均领先。1944年,日本一位勘探家Sugi首次发现苏纪石,并按照惯例以他的名字来命名,这就是"舒俱来"的由来。另外,由于南非"舒俱来"产量最大,品质最优,珠宝公司对"舒俱来"进行开发,并将其包装成优质的珠宝品种,就成了自然而然的事情,乃至后来南非政府宣布"舒俱来"为该国的"国宝",也就无可厚非。但"国宝"不等于"国石",这是常识问题。定名"国石"是一件非常严肃的事情,不可草率行事,况且自1870年南非发现钻石以来,钻石就成了南非的"国石",至今南非的钻石产量仍然位居世界前列,钻石的发现早于"舒俱来"的发现近百年,难道新发现一种宝石就要"后来居上"取而代之吗?由此可知,南非的"国石"仍然是钻石。

中央电视台CCTV2《一槌定音》节目播出画面截图

《四叶草》钻石吊坠

《四叶草》钻石吊坠

（三）中国十大"国石"候选石

位居"石头王国"之列的中国，会选择哪一种石头作为自己的"国石"呢？

我国目前只在进行"国石"候选石的讨论，并没有最后确定哪一种宝石为"国石"。

评选"国石"绝对不是一件简单的事情，不可能一蹴而就，经多方资料查证，20世纪八九十年代，在国务院的高度重视下，有关部门分别召开多次"研讨会""评定会"，凝聚各方共识，在2003年7月初步敲定以福建寿山石、内蒙古巴林石、昌化鸡血石、浙江青田石、辽宁岫岩玉、新疆和田玉、河南独山玉、福建华安玉、湖北绿松石、台湾红珊瑚为"中国十大候选国石"。

（四）中国六大"国石"正式候选石

2003年以后，中国宝玉石协会又多次召开会议，最后决定以岫岩玉、和田玉、巴林石、寿山石、青田石、昌化鸡血石为六大"国石"正式候选石，结果已经上报国务院和全国人民代表大会常务委员会。

中国六大"国石"正式候选石：（1）岫岩玉；（2）和田玉；（3）巴林石；（4）寿山石；（5）青田石；（6）昌化鸡血石。

评选"国石"是一项十分重要而又复杂的系统工程，最终须由全国人民代表大会决定。

【拓展阅读】

评选中国"国石"记事

1982年7月，地质学家田树谷先生在《地球》杂志上发表《浅谈国石》一文，介绍了世界"国石"的情况并提出中国是否也应该有自己的"国石"问题。该文很快被一些媒体转载并引起读者的兴趣和讨论。至1990年，围绕这一问题,不少研究者撰文发表观点,并推选了各自认可的"国石",综合起来有钻石、蓝宝石、珍珠、绿松石、田黄石、雨花石、水晶和软玉。

世纪之交,随着中国经济的快速发展,宝玉石业也得到迅猛发展,于是关于"国石"的讨论再次掀起。1999年8月23日,由中国宝玉石协会发起,在北京西单山水宾馆召开了中国"国石"学术研讨会,并组织了"国石"精品展。在这次大会上提名推选的"国石"有十几种,最后经专家评估,依据历史性、文化性、经济性、艺术性、现实性及石质美等标准以无记名投票方式,推选出福建寿山石、浙江昌化鸡血石、新疆和田玉、浙江青田石、辽宁岫岩玉、河南独山玉6个品种为"国石"候选石。福建的寿山石以其优异的品质,名列榜首。

(五)其他宝玉石

世界是多姿多彩的,玉石世界也是如此,在我国自古就有"千种玛瑙万种玉"之说,我们把那些为广大人民群众所喜闻乐见,但又因种种原因没有列入中国候选"国石"的宝玉石,归类为其他宝玉石。

其他宝玉石有玛瑙、天珠、翡翠、水晶、青金石、孔雀石、南红玛瑙、大化石、青油石、卡通石、藏青玉、战国红、黄龙玉、古铜石、古陶石、龟纹石、米粒石、千层石、南丹铁陨石、灵璧石、黄河石、琥珀、蜜蜡、祖母绿、象牙、珍珠、砗磲、虬角等。

(六)无机宝石和有机宝石

无机宝石和有机宝石,或者说无机珠宝和有机珠宝,无论是中国十大"国石"候选石、中国六大"国石"正式候选石还是其他宝玉石都可以分为无机宝石和有机宝石。二者之间最大的区别在于形成之初它们有无生命。

宝玉石分类是很重要的,初学者应先掌握宝玉石分类,再去学习如何鉴定宝玉石,这样比较符合逻辑关系,也有利于今后的学习。好比有同学问我,世界上有那么多国家,怎么才能将它们记住?我说你要掌握方法,应该先记世界上有几大洲,然后记哪个洲有哪些国家,这样就比较容易记忆。况且有些小国家和地区也用不着花大力气去记,知道其基本方位,用到时再说。如果掌握了这一点,相信在地理学习上的许多问题都可以迎刃而解。宝玉石何尝不是如此呢?说到和田玉,国内就有和田料、青海料,甚至还有贵州罗田玉;就世界范围来说,有阿富汗料、俄罗斯料、韩国料、加拿大料,甚至还有新西兰玉等。我们应先把这些大类弄清楚,尽管它们都可以叫"和田玉",但是它们在颜色、润度、细度等方面却有着明显的区别,知道这个大类,然后再从细节上去了解,就比较容易了。初学者如果不了解这个大的分类,就单纯对一块"和田玉"进行鉴别,即便有"鉴定证书"加持也难以有用。因为按照现在的珠宝玉石标准,凡是内含和田玉成分的都可以叫和田玉,与产地无关。我国的两大鸡血石——巴林鸡血石、昌化鸡血石,先从大类辨识,就比较好区分:巴林鸡血石偏粉红,昌化鸡血石偏大红。世界上青金石的产地是阿富汗和智利,阿富汗产的青金石偏青、明亮,智利产的青金石偏黑、暗。对于其他宝玉石,道理也大体如此,如福建田黄石、浙江青田石乃至缅甸翡翠等,都有与之类似的替代品。

为什么要这样分类呢?因为依据的标准不同就会有不同的分类,前文说了我们把是否列入"中国候选国石"作为划分标准,这个标准是国家的重要决策,因而是很权威的。

如何进行宝玉石鉴定,有人认为"鉴定证书"是宝玉石的身份证,有则行,没有则不行。事实上并不是那么回事。对于宝玉石,关键是怎么"鉴定",或者说以什么标准来"鉴定"的问题?现在通行的方法,一般是鉴定宝玉石的成分,有某种成分则是优良品类。我认为这样的方法也不全正确。试想一想,那些价值过亿的奇石,如《岁月》和《玛瑙雏鸡》等,与成分有多大关系?正如中国地质大学武汉珠宝学院杨教授所说:用地质学(的方法)来鉴定珠宝,我们是做了好事,但是也做了坏事。杨教授的话是有深刻含义的,鉴定"成分"不是不可以,例如,大学生珠宝玉石鉴定比赛中,鉴定宝玉石必须使用统一的鉴定仪器,按照统一的参数、指标等,否则,就不可能公平公正;但现实生活中进行珠宝玉石鉴定,则是有困难的,因为鉴定仪器的产生要比珠宝玉石晚几千年,大家想一想,没有鉴定仪器的时候,人们是如何辨别珠宝玉石的?

祖母绿原石摆件　　　　　祖母绿原石摆件

对于杨教授的话,我是有深刻理解和切身感悟的,上面的两个"祖母绿原石摆件",是我经常给学生观摩的教具,外面包裹着的叫母岩,也叫围岩。这种母岩包裹着的祖母绿是非常好辨认的,也不太好造假,即使造假也很容易识别。但是,祖母绿一旦离开母岩,识辨难度就会增加,而且有时候祖母绿只有芝麻绿豆大,必须动用鉴定仪器才能进行鉴定,这就是用"地质学(的方法)来鉴定珠宝"是"做了好事,也做了坏事";另外,从投资的角度看,母岩包裹着的祖母绿远比那些"裸石"的价值大得多。其实,买个祖母绿金戒指的费用,差不多可以买个祖母绿原石摆件了,但是人们普遍认为祖母绿的金戒指更加值钱。

如果有机会,大家可以问一问马未都老师,马大师那么多的宝贝,是经过"鉴定"后再买的还是直接就买的?我没有问过,我猜测,他是没有经过"鉴定"直接就买的。我相信马大师有"一眼定乾坤"的本领,就是北京人所说的"一眼真""一眼假",这样的眼力也只有大师工匠才具有。我进行《宝玉石投资实务》课程教学十几年,学校没有买过一件鉴定仪器,我认为,宝玉石鉴定,第一要掌握宝玉石分类,清楚"人工和天工"的逻辑关系,凡"人工必有痕迹"。第二要多看实物。许多同学应该记得我讲过的话:投资是要讲逻辑关系的;宝玉石鉴定,要多去博物馆看实物,去不了博物馆就要多看图片,许多艺术类书籍都是多图片、少文字就是这个道理,当大家看多了,达到一定程度,自然而然就懂得"宝贝自己会说话"的道理。拿《李大钊像》鼻烟壶来说,鼻烟壶上"本"字的写法就体现了年代特征;另外,大家记住"孤品不够造假成本",现实生活也是这样,如果我们去买东西,后面七八个人扛着很多仪器跟着……这叫什么事?有人不止一次地问我:你是重投资还是重鉴定呢?我说"投资高于鉴定",就像买卖股票一样,你在买股票之前,肯定要进行全方位的分析,这才是一个合格的投资者。

【拓展阅读】

《李大钊像》鼻烟壶

父亲把他早年购买、珍藏多年的《李大钊像》鼻烟壶,捐赠给了浙江嘉兴的南湖革命纪念馆。关于这件事情的细节,我也是最近回老家后才知道的,思来颇为感慨。他一直说要给这件藏品找一个好的归宿。我曾经建议可以捐赠给中国共产党历史展览馆,但是受疫情影响,前往北京不太方便。

对于这件事,父亲很慎重,考察了浙江省内不少地方。浙江是中国革命红船的起航地,是中国改革开放的先行地,也是习近平新时代中国特色社会主义思想的重要萌发地,而且南湖革命纪念馆内还设有纪念李大钊烈士的专门版块,所以,捐赠给南湖革命纪念馆是个很好的选择。

在捐赠时,有人找到父亲,愿意出高价收购这件藏品,然后再以收购者的名义捐赠。被父亲婉言谢绝。这种"孤品"往往价格不菲,2019年4月,北京电视台《拍宝》栏目做节目时,有人提出购买此鼻烟壶,遭到父亲的坚决拒绝,认为这样做有违初衷,革命先烈抛头颅、洒热血,我们不应该把有革命先烈头像的鼻烟壶作为买卖和讨价还价的筹码。父亲坚持以自己的名义捐赠,既给这件藏品找到了一个好的归宿,也是他退休后做的一件非常有意义的事情,他所在的九三学社对此次捐赠很重视,派了九三学社省委秘书长陪同前往,但是父亲拒绝宣传报道。

捐赠就是捐赠,不能有其他色彩。

我非常认同父亲的说法,他无数次和我讲他当年高考的故事。他高考总分虽然很高但是英语单科成绩却很低,太外婆让人给时任南京大学校长的太姨公打电话想请他帮帮忙,太姨公说:"我不是做不到,但是我不能这么做!"就是这样一句话,一直伴随父亲至今。他始终在思考,因为地下工作而被敌人近距离枪击,子弹从嘴巴进去,又从后脑勺出来,却奇迹般死里逃生的太姨公,对党是怎样的忠诚。

父亲在大学学习期间,爷爷一次次从家里寄来整整齐齐的"雄狮"牌、"新安江"牌香烟壳,说是再次利用,支援国家建设,遭到同学们的讥笑,但是父亲还是老老实实地把香烟壳送到杭州卷烟厂。卷烟厂门卫那句"谢谢老人家好意,我们是流水线作业,无法使用"的回复既给我们提供了笑谈的资料,也成了我们晚辈的美好回忆。

鼻烟壶上党的创始人李大钊同志对信仰和真理矢志不渝,为传播和实践马克思主义而英勇献身,真正做到了自己所说的"勇往奋进以赴之""瘅精瘁力以成之""断头流血以从之"。

富贵定要安本分,贫穷切莫枉思量。父亲还将这个鼻烟壶放到教学课件中,作为课程思政的重要案例,通过对"夲"字的时代特征和诗词深刻含义的诠释,让众多的学生传承革命先贤的传统美德,陶冶情操;父亲自己也形成了勤俭质朴、乐于助人的品格,他酷爱红色衣服,他常说:那红色是正红!是中国红!他的红色T恤衫已经洗得发白,有时母亲劝他不要穿了,父亲却笑呵呵地说:穿衣服,不在于衣服好不好,而在于你有没有一份自信。但对于别人,父亲却不是这样,他所在的学校有个贫困生因生活所迫要辍学,父亲拿出12000元予以资助,并且鼓励他好好学习,报效祖国,学院党委书记到场向父亲表达感谢,父亲说:见证一下可以,但是报道宣传就不必了。

捐赠,是我们后来人对于伟大的中国共产党的致敬与礼赞。这使我更加清醒地认识到:中国共产党为什么"能"!马克思主义为什么"行"!中国特色社会主义为什么"好"!

《李大钊像》琉璃鼻烟壶

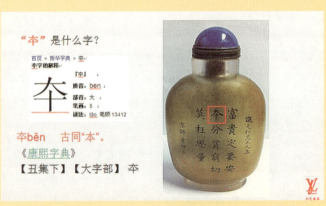

南湖革命纪念馆收藏证书

延伸阅读

1.《国石甄选》,CCTV.COM 央视国际。
2.《国家地理　玉石之路·采玉人生》,CCTV.COM 央视国际。
3.《评选中国国石大事记》,《中国国家地理》,2004年第3期。
4.《总台生活》,中央广播电视总台。
5.《探索·发现　华安玉被评为十大国石候选石之一》,CCTV-10 科教频道。
6.《中国十大国石:大漠之宝　天赋妙意的楼兰漠玉》,CCTV-2 经济频道。
7.《第十四届四大国石雕刻艺术展　跟着大师做"匠人"领略国石魅力》,CCTV-3 综艺频道。

思考与练习

一、单项选择题

1.目前全世界有(　　)多个国家已经选定"国石",作为国家和民族的象征。
　A.10　　　　　　B.40　　　　　　C.70　　　　　　D.100
2.金绿宝石是(　　)的"国石"。
　A.荷兰　　　　　B.南非　　　　　C.西非　　　　　D.葡萄牙
3.红宝石是(　　)的"国石"。
　A.英国　　　　　B.缅甸　　　　　C.法国　　　　　D.荷兰
4.黑曜石是(　　)的"国石"。
　A.墨西哥　　　　B.南非　　　　　C.美国　　　　　D.阿根廷
5.白宝石是(　　)的"国石"。

A.葡萄牙　　　　　　B.荷兰　　　　　　C.马达加斯加　　　D.奥地利
6.象牙是(　　)的"国石"。
　　A.意大利　　　　　　B.荷兰　　　　　　C.扎伊尔　　　　　D.巴西
7.绿玉是(　　)的"国石"。
　　A.新西兰　　　　　　B.乌拉圭　　　　　C.西非　　　　　　D.瑞典
8.绿松石是(　　)的"国石"。
　　A.德国　　　　　　　B.荷兰　　　　　　C.土耳其　　　　　D.葡萄牙
9.橄榄石是(　　)的"国石"。
　　A.英国　　　　　　　B.埃及　　　　　　C.西班牙　　　　　D.荷兰
10.祖母绿是(　　)的"国石"。
　　A.葡萄牙　　　　　　B.埃及　　　　　　C.西班牙　　　　　D.荷兰
11.孔雀石是(　　)的"国石"。
　　A.新西兰　　　　　　B.马达加斯加　　　C.巴拿马　　　　　D.瑞典
12.以下是有机宝石的有(　　)。
　　A.昌化鸡血石　　　　B.青田石　　　　　C.红珊瑚　　　　　D.岫岩玉
13.无机宝石和有机宝石最大的区别是(　　)。
　　A.硬度　　　　　　　B.价格　　　　　　C.产地　　　　　　D.生命

二、多项选择题

1.世界上通行的选择"国石"的标准是(　　)。
　　A.资源特点　　　　　B.民族爱好　　　　C.商业贸易　　　　D.领导意志
2.选择钻石为"国石"的国家有(　　)。
　　A.英国　　　　　　　B.南非　　　　　　C.西非　　　　　　D.荷兰
3.选择水晶为"国石"的国家有(　　)。
　　A.瑞士　　　　　　　B.瑞典　　　　　　C.日本　　　　　　D.乌拉圭
4.选择珍珠为"国石"的国家有(　　)。
　　A.印度　　　　　　　B.法国　　　　　　C.菲律宾　　　　　D.沙特阿拉伯
5.(　　)以琥珀为"国石"。
　　A.瑞士　　　　　　　B.德国　　　　　　C.菲律宾　　　　　D.罗马尼亚
6.选择珊瑚为"国石"的国家有(　　)。
　　A.南斯拉夫　　　　　B.摩洛哥　　　　　C.阿尔及利亚　　　D.意大利
7.选择欧泊为"国石"的国家有(　　)。
　　A.印度　　　　　　　B.澳大利亚　　　　C.匈牙利　　　　　D.捷克
8.选择猫眼石为"国石"的国家有(　　)。
　　A.斯里兰卡　　　　　B.瑞典　　　　　　C.日本　　　　　　D.葡萄牙
9.选择祖母绿为"国石"的国家有(　　)。

  A.哥伦比亚   B.秘鲁   C.西班牙   D.沙特阿拉伯

10.选择蓝宝石为"国石"的国家有(　　)。

  A.美国   B.沙特阿拉伯   C.希腊   D.瑞典

11.选择青金石为"国石"的国家有(　　)。

  A.智利   B.德国   C.玻利维亚   D.阿富汗

12.以下哪几个中国候选"国石"进入了第二轮评选(　　)。

  A.昌化鸡血石   B.青田石   C.红珊瑚   D.岫岩玉

13.以下为无机宝石的是(　　)。

  A.内蒙古巴林石   B.福建寿山石   C.红珊瑚   D.和田玉

14.不是判别无机宝石和有机宝石的依据是(　　)。

  A.纯度   B.生命   C.硬度   D.体积

三、思考题

1.什么是"国石"?

2.世界上有多少个国家已经有自己的"国石",你能够说出 5 个国家的"国石"吗?

3.中国有哪十大"国石"候选石?

4.无机宝石和有机宝石最大的区别是什么?

5.你知道"十二属相"在中国传统文化中的地位吗?

6.谈谈你的收藏经历。

宝玉石投资实务

教学图鉴

珍珠工艺马，
重：33.88g。

角杯，
重：33.88g。

犀牛角寿桃，一对，
重：98.58g。

海螺，
长：15.00cm，宽：7.50cm，高：5.50cm。

石水胆，美国大峡谷，
重：677.88g。

素面鼻烟壶，虬角，红珊瑚盖，
长：4.10cm，宽：2.50cm，高：6.60cm，
重：71.68g。

《年年有余》手把件,时来运转,虬角,
长:5.00cm,宽:5.00cm,高:1.80cm,
重:55.18g。

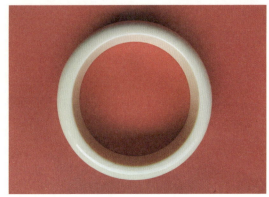

人工象牙手镯(赝品)

海螺,
长:23.50cm,宽:13.00cm,高:18.50cm。

珊瑚手摆件,
长:5.00cm,宽:4.50cm,高:9.50cm。

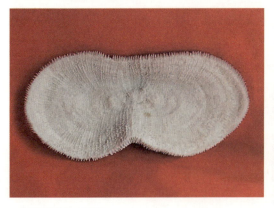

白珊瑚原石摆件,
长:31.00cm,宽:14.00cm,高:4.50cm。

珊瑚玉原石手把件,
长:15.00cm,宽:4.50cm,高:4.50cm。

白珊瑚原石摆件，
长:17.00cm，宽:10.50cm，高:7.50cm。

贝壳，
长:16.00cm，宽:11.50cm，高:3.50cm。

《海阔天空》白珊瑚原石摆件，
长:38.00cm，宽:11.50cm，高:42.50cm。

《匠人匠心》象牙小摆件，圆雕，旧物，
长:5.50cm，宽:3.00cm，高:4.00cm，
重:22.98g。

模块二　寿山石

一、寿山石的产地

寿山石分布在福州市北郊晋安区与连江县、罗源县交界处的"金三角"地带。若以矿脉走向,又可分为高山、旗山、月洋三系。因为寿山矿区开采得早,旧说的"田坑""水坑""山坑",就是指在此矿区的田底、水涧、山洞开采的矿石。

【拓展阅读】

"芦林一号"淘宝记

8月23日,在瞻仰完毛泽东主席旧居后,我们在庐山博物馆的艺术品经营部,发现了两个柜面的古玩专柜,大多是晚清、民国时期的杂项,一枚寿山芙蓉纽吸引了我,其石质与中国寿山石馆中的标本吻合,拿来一看印文为:"日月同光",边款为:"丙申老鞠作",不假思索,无脑购入。再看,有一件"雷新顺造"粉彩小碟吸引了我,其底烙有"火漆印",我认为是回流之物,在袁老师、葛老师会同察看后即购之。

习近平总书记在中国寿山石馆的题词

"日月同光"寿山芙蓉纽,老鞠(胡钁)款

(一)寿山石的历史传说

寿山石有许多的历史传说,最著名的有:

1. 女娲遗石在人间

相传在"混沌初开,乾坤始奠"的时候,女娲驾着祥云遨游在苍穹之中将补天用的斑斓彩石,撒在寿山的田野、山林、溪河之间。

2. "凤凰彩卵留人间"

相传,天帝御前的凤凰女神奉旨出巡,到了福州北峰郊区寿山,她希望自己的后代能在这秀丽无比的山间繁衍生息,并留下彩卵,这些彩卵就变成晶莹璀璨、五颜六色的寿山石。

3. 仙人遗棋子,陈长寿捡石发大财

传说过去北峰山下住着个樵夫叫陈长寿,陈长寿赢了神仙的棋,神仙把一盘棋子给了他,山上石头为棋子所化。后来就用他的名字命名这座山。那些小石头被称为"寿山石"。

4. 蜂蜜化石

传说清康熙统治时期,寿山石农"力田世世兼养蜂。采花酿蜜自何代,金浆玉髓相交融。深埋土肉久成骨"。就如琥珀源自松脂,瑰丽的寿山石是由蜜蜂的躯身和蜂蜜长年深埋地下而化成的。

5. 高僧求石

相传,在南宋时,一位高僧在寿山山岗上设"台"祭天、念经,十分虔诚,连续几天几夜,不眠不休,精诚所至,感动上帝,即天降彩石、天花落地,化作五彩石子,这就是寿山石,故传说寿山石是上天赐予人间的瑰宝。

6. 乾隆一梦

相传乾隆皇帝曾经做过一个梦,梦见自己受到玉皇大帝的召见,玉皇大帝赐给他一块黄色的石头,还赐了他"福寿田"三个大字。乾隆醒后觉得这是一个"瑞兆",但是对于梦中的情况,又百思不得其解,第二天他召集大臣给自己"圆梦"。一位闽籍大臣禀告:玉皇大帝赐皇上的一定是产于福州寿山的田黄石,因为这正合了玉皇大帝赐书的"福寿田"三字。乾隆皇帝听后极为高兴,认为这确实是上天对自己的恩赐,此后,每年元旦祭天大礼,都要在供案的中央供上一块田黄石以祈求上苍赐予自己多福高寿、王土广袤。

7. 田黄治病

相传元朝末年,天下大乱,哀鸿遍野,民不聊生,在安徽凤阳有个穷小子朱元璋,为躲避灾荒逃到福州寿山。他饥寒交迫,又偏偏遭遇大雨,走投无路下躲进了一个寿山石农采掘寿山石的山洞。这场雨一连下了几天,他就在山洞里睡了几天。

等到雨过天晴,朱元璋一骨碌爬起来,这时奇迹发生了,他原先满身的疥疮,突然不治而愈。原来他睡在田黄石的石粉上,是田黄石治好了他的病。后来,他成了明朝的开国皇帝,还专门派人来开采田黄石。

在明、清两代帝王那里,田黄的地位超过一切珍宝。而民间相传,田黄石可以驱灾避邪,益寿延年,所有这些都为田黄石蒙上了一层神秘的色彩。因此,自清朝乾隆以来,田黄石一直是人们梦寐以求的至宝。

也正因为如此,自清代以来寿山村的水田已被掘地三尺了无数次,如今田黄几近绝产,在民国就有"一两田黄三两金"之说。而今一块极普通的田黄也要数万元人民币,其价格早已超过"一两田黄十两金",精品田黄的价格则更是惊人。

(二)寿山石的品种

经过1500年的采掘,寿山石的品种已达150种。

按传统习惯,寿山石一般可分为"田坑""水坑"和"山坑"三大类。

第一,"田坑"类。

田黄石:黄色微透明,肌理隐现萝卜丝纹,通常有黄皮、红筋格。

田黄冻:田黄石中质如肉冻者。

金裹银:外层黄色、肌内为白色的田石。

银裹金:外层白色、肌内为黄色的田石。

乌鸦皮:外裹黑皮、肌内为黄色的田石。

白田石:微黄偏白,萝卜纹较明显。

红田石:质地鲜艳通灵,红如橘皮。

黑田石:黑赭色,萝卜纹。

煨红田:外泛红橙色,通常有深赭色纹,裹一层黄色。

灰田:色淡灰,略带微黄。

寺坪田:深赭色,古意盎然,通常已加工成作品。

硬田:粗劣田石。

牛蛋黄:质地坚硬,不透明,有色皮,呈卵状形。

第二,"水坑"类。

水晶冻:莹澈透明,时有棉花纹。有红、白、黄水晶。

鱼脑冻:白色半透明,含棉花纹。

黄冻:黄色半透明,洁而凝腻。

鳝草冻:灰黄色,半透明,隐约有深色细点。

牛角冻:黑中带赭色如牛角,时有水波纹,油润而有光泽。

天蓝冻:色蔚蓝,质明净,半透明,蓝色愈淡愈佳。

桃花冻:白色半透明,细红点多,或隐或现。

玛瑙冻:半透明,色如玛瑙,偶有玛瑙纹理。

环冻:水坑冻石,肌理呈泡状圆环,环清晰为上品。

坑头冻:纯而油润。

坑头石:质稍坚,微透明。

冻油石:质如结冻之油蜡。

掘性坑头:半透明,有红筋,肌理含萝卜丝或白晕点,多有稀皮。

第三,"山坑"类(高山矿脉)。

高山石：质细而松，微透明，有白、红、黄、黑等色。

高山晶：纯白通灵，时有萝卜丝纹。

高山冻：质油润而有光泽。

水洞高山：质细松，时有萝卜丝纹，上油后色泽鲜艳。

掘性高山：纯洁通灵，外泛淡黄色，时有萝卜丝纹与色皮。

芙蓉石：是寿山石最主要的品种之一，因其温润细腻、雍容华贵、"似玉而非玉"的特质，历史上曾经与田黄石、鸡血石并称为"印石三宝"。

【拓展阅读】

芙蓉石的石料种类

常被称为芙蓉石的石料有两类：

一类为石英类的芙蓉石，又称"玫瑰石英""蔷薇石英""祥南玉"，是一种桃红色、半透明至透明的石英块体，有玻璃光泽或油脂光泽，多产于新疆、内蒙古等地的沙漠，硬度较高，普通刀具无法雕刻，摩氏硬度为7以上，也称为戈壁玉等，价格偏低。

另一类为叶蜡石类的芙蓉石，为黏土矿物，即寿山芙蓉石，是寿山石中产量最大的一种。其硬度较低，摩氏硬度为2.5左右，可以使用常规刀具雕刻。中国的芙蓉石产于福建福州。芙蓉石以色深为佳，桃红色越深越好。

石英类的芙蓉石吊坠

《三童捧寿》寿山芙蓉石摆件

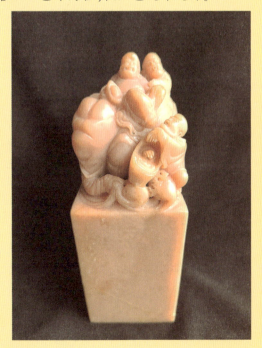

《万象更新》寿山芙蓉石印纽

其他类别:第四,都成矿脉;第五,旗降矿脉;第六,善伯矿脉;第七,黄巢矿脉;第八,吊笕矿脉;第九,金山狮公矿脉;第十,猴柴磹矿脉;第十一,旗山矿脉;第十二,虎岗矿脉;第十三,加良山矿脉;第十四,山仔濑矿脉。

(三)神奇的寿山溪

环绕寿山村有一条涓涓溪流,这就是寿山溪,寿山溪全长约8公里,两旁的水田底层,出产一种寿山石(人称"石中之王")。因产于田底,又多现黄色,故称为田坑石或田黄。田石以色泽分类,一般可分为黄田、红田、白田、灰田、黑田和花田等。以地理位置来划分,田黄的产地有上坂、中坂、下坂和碓下坂之分。

上坂,位于溪流的源头,所出田黄色略淡,通灵莹澈;所产田石,多色淡而质灵。中坂,所产田石最佳,色泽鲜艳,温润细腻。下坂所产田石,色如桐油,质地凝结。碓下坂以下,偶见田石,多质硬而粗,相对次之。

(四)石帝田黄

田黄石是田石中最常见的,也是最具代表性的种类。田黄的共同特点是石皮多呈微透明,肌理玲珑剔透,且有细密清晰的萝卜纹,以黄金黄、橘皮黄为上佳,枇杷黄、桂花黄稍次,桐油黄是田黄中的下品。田黄石中有称田黄冻者,是一种极为通灵澄澈的灵石,色如碎蛋黄,产于中坂,较为罕见,历史上曾将其列为贡品。

田黄石具有细、洁、润、腻、温、凝等六大优点,是世间罕见的稀有宝石,因为稀有,所以昂贵。

田黄石的珍稀是由其自然属性决定的,抛开其质地成分,从投资的角度来说,就是因"物以稀为贵"决定的。

> 【拓展阅读】
>
> #### 乾隆田黄三链章
>
> 清朝末代皇帝溥仪在被驱逐出北京故宫的时候,偷偷带走了许多珍宝,其中一件虽然很小,却特别珍贵,在以后的日子里,溥仪一直把它带在身边。
>
> 溥仪秘密收藏的这件物品,是清朝乾隆皇帝的私人印章,叫乾隆田黄三链章,也叫乾隆田黄三联玺,由三枚印章组成。这三枚印章被三条石链连在一起,深得乾隆皇帝喜爱。像这样造型奇特的皇帝印章,极为罕见。
>
> 这件三链章虽然小巧,但无论是从材质的选择、图文字样的篆刻,还是做工的精巧方面,都有着非同寻常之处。

二、福建寿山石——石出寿山，艺在鼓山

（一）石出寿山，艺在鼓山

在福州有"石出寿山，艺在鼓山"的说法。我们可能会疑惑这二者有着怎样的关联？其实寿山石与寿山石雕技艺二者密不可分，寿山石以其优异的特质而受到世人喜爱，寿山石雕，作为一种与寿山石有关的文化现象，则凝结着石雕艺人们的心血，晋安区鼓山镇的石雕技艺最为出名。

晋安区位于福州市北面，因盛产寿山石闻名遐迩。福州寿山石雕最早的实物见于南朝，后经唐、宋、元、明、清发展，石雕技艺名扬天下，形成了东门派和西门派两大艺术门派。寿山石雕技法多样，有圆雕、浮雕、钮雕、镂雕、链雕、薄意、篆刻、微雕等十多种，特别是薄意、链雕和微雕，极具特点。

中华人民共和国成立后，先进的雕塑理论和雕刻技艺被广泛吸收应用到寿山石雕创作中，作品既保留有传统的韵味，又极具时代特色。在国内外工艺美术展中屡有作品获奖。

薪尽火传，继往开来。目前鼓山镇从事寿山石雕刻的人已经超过3万，寿山石的经济效益和社会效益得到充分展现。这也是寿山石雕技艺常青不老的秘诀！

清初，寿山石雕发展到鼎盛时期，福州涌现了一批石雕艺人，最著名的有杨璇和周彬。杨璇，字玉璇，名玉璿，康熙时漳浦县人，客居福州；周彬，字尚均，福建漳州人。他们的作品常被用来进贡朝廷。到了同治、光绪年间，潘玉茂、林谦培在继承杨璇、周彬两人雕刻技艺的基础上，发挥各自所长，形成了两个不同的寿山石雕工艺流派。

潘玉茂为福州北门外凤尾村人，被奉为"西门派"（也叫"薄意派"）的鼻祖，传人有林文宝、林清卿等。

林谦培为福州东门外鼓山后屿人，被奉为"东门派"（也叫"圆雕派"）的鼻祖，传人有林元珠、郑仁蛟、林友清等。

在当代，集薄意派和圆雕派技艺于一身的代表人物，则是郭懋介。

在寿山石雕刻界，郭懋介（石卿）可谓是一个传奇，这不仅因为他的大器晚成，在退休后重操雕刀却能很快声名远扬；还在于他每两原石高达3万元的工钱，和他点石成金的高超技艺。即便他的工钱为每两原石3万元，但其作品却是一件难求，商家以能拥有他的作品为幸，藏家以能拥有他的作品为荣。

《义州李鹤年书画印》杨玉璇田黄瑞兽纽

《不为无益之事　何以遣有涯之生》周尚均田黄冻龙纽

(二)《寿山石雕》特种邮票

【拓展阅读】

寿山石雕

1997年8月17日,为了展示中国民间雕刻艺术成就,国家邮电部发行了《寿山石雕》特种邮票,全套4枚,小型张1枚。

"田黄秋韵"原名"田黄宝石",重150g,质地为银裹金田黄冻,系寿山石雕"西门派"传人、工艺师江依霖利用原石通灵的白色石皮,以薄意刻的技法,刻画了《红楼梦》中宝、黛赏读《西厢记》的动人画面,作品层次分明,形象生动,又因石里面为罕见的黄金色,因而表里衬托,相得益彰,为当今田黄之极品。

"犀牛沐日"原名"犀牛望月",为28兽印纽石章之一,该作品在1985年第五届中国工艺美术百花奖评比中荣获国家珍品金杯奖,系中国工艺美术大师周宝庭的遗作,以寿山的老性高山冻彩石为原料,将红、黄、白三色分别刻成红日、云彩和一头沐浴在红彤彤的骄阳之下、回首奋蹄的犀牛,构思奇巧,刀法简练,栩栩如生。

"含香蕴玉"原名"花果累累",系高级工艺美术师冯久和创作,原石为寿山高山石,重达50kg,其天生丽质、色泽温润,在作者的刀下得到了绝妙的展现,那晶莹的玉兰、怒放的秋菊、俏丽的蜡梅,还有那各具形态的石榴、荔枝、蜜桃、葡萄,工艺精湛,直逼天然,作品1972年参加全国工艺美术展览会即被国家收藏,并被作为当时出版的大型画册《中国工艺美术》的封面图,1979年还被送往日本参加中国工艺美术展览会,得到了极高的评价。

　　"醉人童真"原名"三仙醉石",系高级工艺美术师林发述于1964年创作,利用寿山旗降石的俏色,生动地刻画了神话故事"八仙过海"中铁拐李、汉钟离和吕洞宾三仙聚会畅饮、酩酊大醉的情态,构图精巧,色泽鲜艳,淋漓尽致地展现了三仙不拘礼节、醉态可掬的形象。

　　小型张为"乾隆链章",图案是北京故宫博物院内所藏溥仪捐献的带链田黄石印章(乾隆遗物),该印章被视为"宫中瑰宝"。链章利用一整块黄玉,雕刻成两枚方形章和一枚椭圆形章,并由三条活动的链环连在一起,三枚章分别篆刻有"乾隆宸翰""惟精惟一""乐天"的印文,为稀世奇珍。小型张边框四周还用20枚"乾隆宸翰"印章作为装饰,使之与邮票主图上的三枚红色大印相得益彰。

延伸阅读

1.《国家地理　中国寿山石》,CCTV.COM。

2.《文化大百科　寿山石》,CCTV-3综艺频道。

3.《瑰丽奇石　寿山石》,CCTV-10科教频道·文明密码。

4.《我有传家宝　寻宝　福建寿山芙蓉石雕》,CCTV-1综合频道。

5.《一槌定音　清晚期寿山石雕VS清代芙蓉石五面闲章》,CCTV-2财经频道。

6.《中国名石丛书·寿山石鉴赏与投资》,福州:海潮摄影艺术出版社,2009年。

7.《芙蓉,石之王后(下)》,《艺术品鉴》,2014年第8期。

8.央视特别节目《镇馆之宝》第二集《田黄三连印章》。

思考与练习

一、单项选择题

1. 寿山石出产在福建省福州市北郊( )与连江县、罗源县交界处的"金三角"地带。
   A.晋安区　　　　　B.鼓楼区　　　　　C.闽侯县　　　　　D.仓山区

2. 芙蓉石是寿山石最主要的品种之一,因其温润细腻、雍容华贵、"似玉而非玉"的特质,业内称之为( )。
   A.石帝　　　　　　B.章帝　　　　　　C.章后　　　　　　D.石后

3. 田黄石是集莹澈、湿粹、凝腻于一身的世间罕见的宝石,业内称之为( )。
   A.石帝　　　　　　B.章帝　　　　　　C.章后　　　　　　D.石后

4. 叶蜡石类芙蓉石和石英类芙蓉石的重要区别之一是( )。
   A.纯度　　　　　　B.颜色　　　　　　C.硬度　　　　　　D.致密

5. 神奇的( )被称作孕育田黄石的摇篮。
   A.寿山溪　　　　　B.楠溪江　　　　　C.玉龙喀什河　　　D.拉沐沧河

6. "东门派"就是( ),其鼻祖是林谦培,传人有林元珠、郑仁蛟、林友清等。
   A.浮雕派　　　　　B.钮雕派　　　　　C.镂雕派　　　　　D.圆雕派

7. "西门派"就是( ),其鼻祖是潘玉茂,传人有林文宝、林清卿等。
   A.薄意派　　　　　B.微雕派　　　　　C.圆雕派　　　　　D.链雕派

8. 1997年国家邮电部发行寿山石雕邮票小型张,下列作品不是邮票名称的为( )。
   A.醉人童真　　　　B.乾隆链章　　　　C.含香蕴玉　　　　D.田黄秋韵

9. 寿山石雕"醉人童真"是( )的作品。
   A.江依霖　　　　　B.周宝庭　　　　　C.林发述　　　　　D.冯久和

10. 寿山石雕"田黄秋韵"是( )的作品。
    A.林发述　　　　　B.周宝庭　　　　　C.冯久和　　　　　D.江依霖

11. 寿山石雕"犀牛沐日"是( )的作品。
    A.冯久和　　　　　B.周宝庭　　　　　C.江依霖　　　　　D.林发述

12. 寿山石雕"含香蕴玉"是( )的作品。
    A.冯久和　　　　　B.江依霖　　　　　C.林发述　　　　　D.周宝庭

二、多项选择题

1. 若以矿脉走向,寿山石可分为高山、旗山、月洋三系,就是业内说的( )。
   A.田坑　　　　　　B.水坑　　　　　　C.溪坑　　　　　　D.山坑

2. 寿山石出产在福建省( )的"金三角"地带。
   A.台江区　　　　　B.连江县　　　　　C.罗源县　　　　　D.晋安区

3. ( )并称为"印石三宝"。
   A.田黄石　　　　　B.华安石　　　　　C.芙蓉石　　　　　D.昌化鸡血石

4.芙蓉石可以分为(　　　),因为名称相同,市场上往往存在一定的欺骗性。
   A.辉晶石类　　　　B.叶蜡石类　　　　C.地开石类　　　　D.石英类
5.神奇寿山溪,是孕育田黄石的摇篮,按产地不同,可分为(　　　)。
   A.上坂　　　　　　B.中坂　　　　　　C.下坂　　　　　　D.碓下坂
6.在福州有着"石出寿山,艺在鼓山"的说法,并且形成了(　　　)等艺术门派。
   A.东门派　　　　　B.北门派　　　　　C.西门派　　　　　D.南门派
7.1997年国家邮电部发行寿山石雕邮票,其作品名称分别叫(　　　)。
   A.田黄秋韵　　　　B.犀牛沐日　　　　C.含香蕴玉　　　　D.醉人童真
8.圆雕派的杰出代表人物有(　　　)。
   A.林谦培　　　　　B.林元珠　　　　　C.郑仁蛟　　　　　D.林友清
9.1997年国家邮电部发行寿山石雕特种邮票小型张乾隆链章,三枚章分别篆刻有(　　　)。
   A.乾隆宸翰　　　　B.惟几惟康　　　　C.乐天　　　　　　D.惟精惟一
10.1997年,国家邮电部将(　　　)等工艺美术大师的作品发行寿山石雕特种邮票。
   A.冯久和　　　　　B.江依霖　　　　　C.林发述　　　　　D.周宝庭

三、思考题
1.寿山石产于什么地方?
2.寿山溪以地理位置划分为哪几个"坂"?
3.乾隆三链章由什么石材制成的?
4.东门派和西门派两大艺术门派分别以什么技艺著称?两派中有着顶级造诣的传人分别有哪些?
5.叶蜡类芙蓉石和石英类芙蓉石,哪个更具有收藏价值?

宝玉石投资实务

教学图鉴

寿县燮臣孙家鼐之印，田黄，
长:2.20cm，宽:2.10cm，高:5.50cm，
重:52.27g。

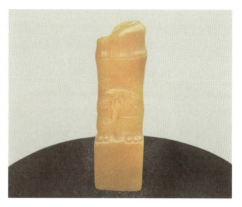

闲章,《知来者之可追》，田黄，
长:2.00cm，宽:1.10cm，高:6.70cm，
重:28.00g。

闲章,《南北东西只有相随无别离》，田黄，
长:3.30cm，宽:3.00cm，高:3.00cm，
重:71.40g。

闲章,《书为心画》，田黄，
长:3.50cm，宽:2.10cm，高:5.20cm，
重:68.20g。

闲章,《布衣空惹洛阳尘》，田黄，
长:4.30cm，宽:3.00cm，高:3.00cm，
重:80.60g。

闲章,《宫卿》，田黄，
长:1.09cm，宽:1.10cm，高:3.00cm，
重:18.90g。

闲章,《醉石山房》,田黄,
长:2.10cm, 宽:2.10cm, 高:2.80cm,
重:20.00g。

闲章,《借得梅花一缕魂》,田黄,
长:4.00cm, 宽:4.00cm, 高:1.50cm,
重:58.80g。

闲章,《信而缘》,田黄,
长:2.30cm, 宽:1.30cm, 高:4.00cm,
重:19.80g。

闲章,《晴窗一日几回看》,田黄,
长:3.50cm, 宽:2.00cm, 高:2.00cm,
重:65.80g。

闲章,《春宵一刻值千金》,田黄,
长:4.50cm, 宽:2.60cm, 高:4.00cm,
重:75.30g。

闲章,《宜子孙》,田黄,
长:2.50cm, 宽:1.20cm, 高:3.50cm,
重:19.70g。

闲章,《傻到极处是精明》,田黄,
长:2.30cm,宽:2.30cm,高:3.60cm,
重:37.50g。

闲章,《贻笑大方》,田黄,
长:1.70cm,宽:1.00cm,高:5.00cm,
重:22.00g。

闲章,《愿得黄金三百万,交尽美人名士。
更结尽,燕邯侠子》,田黄,
长:6.60cm,宽:6.61cm,高:7.00cm,
重:566.10g。

臣东原戴震之印,田黄,
长:2.40cm,宽:2.40cm,高:7.90cm,
重:122.30g。

闲章,《窗竹夜鸣秋》,田黄,
长:1.90cm,宽:1.90cm,高:5.70cm,
重:43.60g。

闲章,《仁和存晦居士清赏》,田黄,
长:2.20cm,宽:2.00cm,高:7.00cm,
重:81.10g。

闲章,《宁静致远》,田黄,
长:2.70cm,宽:1.60cm,高:3.90cm,
重:26.30g。

臣季皋李经迈之印,田黄,
长:2.40cm,宽:2.40cm,高:5.00cm,
重:62.50g。

闲章,《烟霞泉石平章》,田黄,
长:3.30cm,宽:3.10cm,高:2.60cm,
重:41.80g。

闲章,《我欲乘风归去 又恐琼楼玉宇 高处不胜寒》,田黄,
长:6.80cm,宽:4.50cm,高:5.50cm,
重:364.70g。

闲章,《胆欲大而心欲小 智欲圆而行欲方》,田黄,
长:4.10cm,宽:4.10cm,高:8.80cm,
重:278.00g。

闲章,《不为无益之事,何以遣有涯之生》,田黄,
长:3.80cm,宽:3.80cm,高:8.30cm,
重:164.10g。

闲章,《引商刻羽 杂以流徵》,田黄,长:3.80cm,宽:3.80cm,高:6.40cm,重:157.90g。

闲章,《业在有山处 道归无事中》,田黄,长:5.10cm,宽:2.80cm,高:3.80cm,重:87.60g。

闲章,《老大谁能更读书》,田黄,长:3.50cm,宽:3.30cm,高:3.10cm,重:78.90g。

闲章,《好教我左右做人难》,田黄,长:2.30cm,宽:2.30cm,高:5.50cm,重:61.20g。

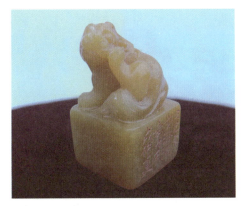

闲章,《豪端古意多含蓄》,田黄,长:2.30cm,宽:2.30cm,高:4.00cm,重:38.50g。

闲章,《寻思百计不如闲》,田黄,长:2.40cm,宽:2.40cm,高:3.50cm,重:38.90g。

闲章,《后之视今》,田黄,
长:1.60cm,宽:1.60cm,高:5.20cm,
重:34.90g。

闲章,《听琴》,田黄,
长:2.00cm,宽:1.30cm,高:5.20cm,
重:30.60g。

闲章,《松月照窗诗入圣 竹风吹榻梦游仙》,
田黄,
长:4.30cm,宽:4.00cm,高:5.00cm,
重:164.90g。

慈溪舒厚德印,田黄,
长:3.80cm,宽:3.80cm,高:5.80cm,
重:173.50g。

闲章,《吴诵孙改藏经籍书画》,田黄,
长:3.00cm,宽:3.00cm,高:5.20cm,
重:85.30g。

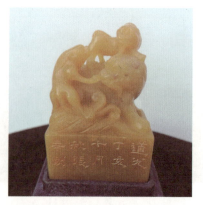

闲章,《翠墨淋漓茧纸香》,田黄,
长:3.50cm,宽:2.40cm,高:5.20cm,
重:71.80g。

闲章,《老夫平生好奇古》,田黄,
长:2.80cm,宽:2.80cm,高:5.80cm,
重:83.60g。

闲章,《领略古法》,田黄,
长:1.80cm,宽:1.80cm,高:4.50cm,
重:36.70g。

闲章,《集虚草堂》,田黄,
长:2.30cm,宽:2.30cm,高:4.30cm,
重:53.30g。

闲章,《栖素云根　饵芝清壑》,田黄,
长:4.50cm,宽:4.40cm,高:2.50cm,
重:91.90g。

闲章,《耦㝩夫人检点金石记》,田黄,
长:2.80cm,宽:2.80cm,高:5.30cm,
重:65.30g。

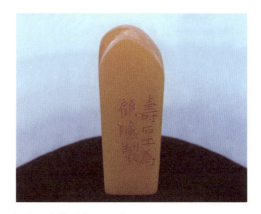

闲章,《羡季》,田黄,
长:2.10cm,宽:2.10cm,高:6.10cm,
重:73.80g。

闲章,《惯迟作答爱书来》,田黄,
长:3.70cm,宽:1.90cm,高:5.30cm,
重:55.50g。

闲章,《旧恨春江流不尽,新恨云山千叠》,田黄,
长:5.10cm,宽:3.50cm,高:7.30cm,
重:235.30g。

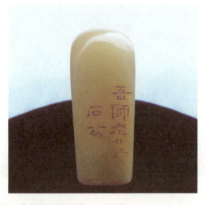

闲章,《吾师老庄》,田黄,
长:1.80cm,宽:1.50cm,高:4.60cm,
重:32.40g。

闲章,《笔砚精良人生一乐》,田黄,
长:2.80cm,宽:2.20cm,高:3.80cm,
重:40.90g。

闲章,《且拥图书卧白云》,田黄,
长:2.80cm,宽:2.80cm,高:5.30cm,
重:97.80g。

闲章,《一身诗酒债 千里水云情》,田黄,
长:3.10cm,宽:3.00cm,高:3.50cm,
重:49.70g。

闲章,四省经略使印,田黄,
长:3.20cm,宽:2.50cm,高:3.70cm,
重:58.80g。

闲章,《顺理而行 听天由命》,田黄,
长:2.30cm,宽:1.90cm,高:4.90cm,
重:52.10g。

侯官沈葆桢书画印,田黄,
长:2.30cm,宽:2.30cm,高:4.80cm,
重:53.70g。

闲章,《止于人言》,田黄,
长:2.20cm,宽:2.20cm,高:4.30cm,
重:39.50g。

闲章,《以意为之》,田黄,
长:1.80cm,宽:1.70cm,高:3.30cm,
重:22.00g。

闲章,《集虚草堂》,田黄,
长:2.50cm,宽:1.90cm,高:4.50cm,
重:39.30g。

闲章,《濠园秘笈》,田黄,
长:2.30cm,宽:2.30cm,高:4.80cm,
重:37.30g。

闲章,《伯寅父审释彝器款识》,田黄,
长:2.90cm,宽:2.30cm,高:2.70cm,
重:33.00g。

闲章,《北谿师古》,田黄,
长:3.10cm,宽:2.50cm,高:4.50cm,
重:61.40g。

闲章,《体中何如则秘书》,田黄,
长:3.30cm,宽:2.20cm,高:5.20cm,
重:72.30g。

闲章,《兰斋》,田黄,
长:2.40cm,宽:2.20cm,高:4.20cm,
重:43.00g。

闲章,《松风仙馆主人鉴藏》,田黄,
长:4.90cm,宽:2.40cm,高:4.10cm,
重:84.40g。

闲章,《谢庸斋鉴藏印》,田黄,
长:4.00cm,宽:1.50cm,高:5.30cm,
重:71.00g。

闲章,田黄冻瑞兽纽,田黄,
长:3.20cm,宽:1.80cm,高:6.00cm,
重:72.80g。

吴县汉学堂潘祖荫珍藏金石书画印,田黄,
长:6.40cm,宽:3.10cm,高:5.30cm,
重:186.70g。

《西泉款瑞兽纽》,寿山石,田黄,
长:1.90cm,宽:1.60cm,高:4.70cm,
重:28.57g。

《过江罗汉》寿山石摆件,寿山芙蓉冻石,
长:12.00cm,宽:6.80cm,高:12.80cm,
重:681.37g。

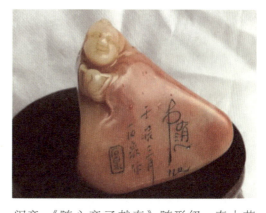

闲章,《随心童子献寿》随形纽,寿山芙蓉石,
长:7.01cm,宽:5.50cm,高:6.00cm,
重:210.17g。

《松荫高士图》寿山石摆件，浮雕，镂雕，红花冻石，
长:7.50cm，宽:3.50cm，高:6.80cm，
重:358.67g。

闲章，《大作用》纽，寿山芙蓉石，
长:3.50cm，宽:1.50cm，高:7.80cm，
重:78.57g。

闲章，《且陶陶·乐趣天真》平头纽，寿山石桃花藕粉冻，
长:6.50cm，宽:4.50cm，高:5.20cm，
重:399.18g。

闲章，《大事必作于细》纽，
长:4.60cm，宽:2.10cm，高:3.30cm。

闲章，《天惊地怪见落笔》荷叶纽，
长:4.30cm，宽:4.00cm，高:4.50cm。

闲章，《居于市而其心只在林泉之下，闭门皆是深山仙界净土》龙纽，
长:6.00cm，宽:4.60cm，高:7.00cm。

闲章,《过犹不及》纽,白芙蓉,
长:3.20cm,宽:2.70cm,高:7.80cm。

闲章,《从心所欲不逾距》纽,白芙蓉,
长:3.30cm,宽:2.20cm,高:2.60cm。

闲章,《高云共此心》螭龙纽,
长:2.20cm,宽:1.90cm,高:5.50cm。

《爆竹声中一岁除》小摆件(当代),田黄,
重:81.96g。

《金包银》小摆件(当代),田黄,
重:97.61g。

闲章,《清风》竹节纽,寿山石,浮雕,
重:103.98g。

闲章,《项元汴》款随形山子,独籽,薄意雕,寿山石,
重:155.46g。

闲章,《禅空》随形山子,薄意雕,寿山石,
重:56.40g。

闲章,《深山访友》随形山子,薄意雕,寿山石,
重:127.48g。

《童子捧寿》手摆件,寿山芙蓉石,浮雕,
重:95.48g。

《乐呵呵》手摆件,寿山芙蓉石,圆雕,
重:268.17g。

《人生如意》人参纽,寿山芙蓉石,圆雕,
重:43.38g。

《松下问童子》乌鸦皮寿山石手把件，薄意雕，随形山子，
重：131.50g。

《嫦娥奔月》摆件，寿山白芙蓉，
长：2.50cm，宽：10.00cm，高：11.00cm，
重：283.17g。

《女娲补天》摆件，寿山芙蓉石，
长：2.00cm，宽：10.00cm，高：20.50cm，
重：605.50g。

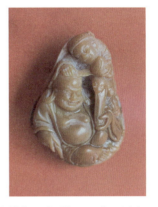

《童子戏佛》手把件，田黄，独籽，
重：99.17g。

《降龙罗汉》印纽，寿山石，
长：3.30cm，宽：2.20cm，高：6.50cm，
重：116.78g。

《胸有成竹》手把件，寿山芙蓉石，
长：6.10cm，宽：4.00cm，高：11.30cm，
重：402.58g。

《吴让之》闲章，寿山石，薄意雕，随形山子，
重：55.08g。

《得禄楼》闲章，寿山石，薄意雕，随形山子，
重：82.27g。

《萌娃》印纽，寿山石，山秀园，
长：4.20cm，宽：2.00cm，高：5.70cm，
重：112.97g。

《富甲天下》小摆件，寿山芙蓉石，
重：57.37g。

《三阳开泰》印纽，寿山芙蓉石，
长：5.10cm，宽：5.10cm，高：11.50cm。

《何震》印纽，寿山芙蓉石，
长：4.40cm，宽：4.20cm，高：11.00cm。

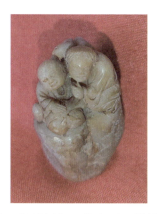

闲章,《一字晴江》,寿山石,浮雕圆雕,李方膺款。

《赤壁怀古》桃花冻石,山子小摆件,长:4.20cm,宽:2.60cm,高:9.20cm,重:298.68g。

《达摩》手把件,
长:4.30cm,宽:2.60cm,高:8.80cm,
重:220.28g。

《双龙戏珠》,
长:4.00cm,宽:3.50cm,高:8.80cm,
重:294.18g。

闲章,《白云红树》洋洋得意方纽,圆雕,
长:2.60cm,宽:2.60cm,高:6.00cm,
重:78.78g。

闲章,《青山》弥勒佛圆形纽,
长:2.00cm,宽:2.00cm,高:7.20cm,
重:65.98g。

《老鼠爱大米》寿山石摆件，
长:8.20cm，宽:3.30cm，高:6.10cm，
重:278.58g。

《高士图》寿山石摆件，
长:6.80cm，宽:2.20cm，高:10.70cm，
重:292.88g。

闲章，《老寿星》寿山石方纽，王震款，
长:2.20cm，宽:2.20cm，高:13.50cm，
重:283.68g。

寿山石薄意雕随形山子，商丘望之款，
长:5.80cm，宽:3.50cm，高:7.80cm，
重:216.08g。

寿山石薄意雕随形山子，宾虹款，
长:7.50cm，宽:5.80cm，高:9.50cm，
重:887.88g。

寿山石薄意雕随形山子，赵子谦款，
长:2.30cm，宽:2.00cm，高:5.80cm，
重:96.08g。

《蔚如四十俊》薄意雕随形山子，寿山石，长：4.50cm，宽：3.30cm，高：7.50cm，重：229.38g。

寿山石薄意雕随形山子，程大年款，长：3.00cm，宽：2.20cm，高：4.80cm，重：69.68g。

寿山石薄意雕随形山子，养性斋款，长：3.50cm，宽：0.90cm，高：6.80cm，重：54.68g。

寿山石薄意雕随形山子，吉祥如意，长：3.60cm，宽：3.20cm，高：4.80cm，重：133.18g。

寿山石薄意雕随形山子，钱斋款，长：3.50cm，宽：3.30cm，高：5.80cm，重：129.78g。

寿山石薄意雕随形山子，吉祥如意斋款，长：3.80cm，宽：1.80cm，高：5.50cm，重：109.48g。

《石钟山房》随形山子,寿山石薄意雕,
长:3.40cm,宽:1.10cm,高:4.80cm,
重:43.68g。

《补罗外史沈凤》,寿山石薄意雕随形山子,
长:8.00cm,宽:4.00cm,高:11.00cm,
重:852.00g。

《吉祥》随形山子,寿山石薄意雕,
长:3.30cm,宽:1.20cm,高:4.20cm,
重:43.18g。

《八仙》寿山石薄意雕随形山子,
长:9.50cm,宽:4.00cm,高:16.10cm,
重:1.149kg。

寿山石薄意雕随形山子,
长:4.80cm,宽:0.80cm,高:4.00cm,
重:31.88g。

寿山石薄意雕随形山子,苍润,
长:3.30cm,宽:1.30cm,高:4.60cm,
重:42.98g。

寿山石薄意雕随形山子，秋月，
长:3.10cm，宽:1.80cm，高:4.50cm，
重:65.27g。

《松下问童子》寿山石薄意雕随形山子，
长:2.50cm，宽:2.00cm，高:6.60cm，
重:96.18g。

寿山石薄意雕随形山子，成福，
长:2.00cm，宽:1.00cm，高:5.50cm，
重:38.18g。

《福娃》寿山芙蓉石山子，
长:5.50cm，宽:1.50cm，高:4.50cm，
重:58.28g。

《鲁思》长寿龟纽，
长:2.50cm，宽:2.30cm，高:4.50cm，
重:55.48g。

《宝石》薄意雕随形摆件，寿山石，银包金，曼生鸿寿款，
长:11.50cm，宽:5.80cm，高:13.30cm，
重:7.50kg（估）。

《宝石》薄意雕随形摆件，寿山石，银包金，项文彦款，
长:10.00cm，宽:4.50cm，高:11.80cm，
重:5.50kg（估）。

《人人长寿》螭龙纽，寿山石，大年款，
长:2.50cm，宽:2.50cm，高:11.00cm，
重:170.68g。

《乐在其中》薄意雕随形山子，寿山石，
长:4.50cm，宽:2.50cm，高:6.00cm，
重:133.18g。

《心画》薄意雕随形山子，寿山石，
长:3.00cm，宽:2.80cm，高:6.50cm，
重:127.68g。

《心室》薄意雕随形山子，寿山石，
长:3.00cm，宽:1.50cm，高:6.80cm，
重:92.38g。

《在水一方》鸿运当头纽，寿山芙蓉石，
长:5.10cm，宽:1.60cm，高:9.80cm，
重:173.58g。

《知命者不怨天》寿星纽，寿山石，
长：4.20cm，宽：3.50cm，高：8.80cm，
重：263.98g。

《长寿》薄意雕随形山子，寿山石，
长：3.00cm，宽：2.60cm，高：6.10cm，
重：101.28g。

《吉祥》薄意雕随形山子，寿山石，弋虬款，
长：3.50cm，宽：2.50cm，高：9.60cm，
重：215.78g。

《自在禅》薄意雕随形山子，寿山石，
长：5.30cm，宽：2.80cm，高：5.80cm，
重：212.88g。

闲章，瑞兽纽，寿山芙蓉石，让之款，
长：3.50cm，宽：2.20cm，高：6.10cm，
重：75.88g。

《智者乐水》薄意雕随形山子，寿山石，辛壶款，
长：2.70cm，宽：2.60cm，高：5.50cm，
重：92.18g。

闲章,《云中鹤》薄意雕随形山子,寿山石,
长:2.20cm,宽:2.20cm,高:8.50cm,
重:79.28g。

闲章,《西泠印社》瑞兽纽,寿山芙蓉石,
长:4.10cm,宽:3.70cm,高:4.20cm,
重:113.18g。

闲章,瑞兽纽,寿山芙蓉石,
长:3.50cm,宽:2.20cm,高:3.30cm,
重:60.90g。

闲章,《方士庶印》薄意雕方纽,寿山石,
长:4.00cm,宽:3.80cm,高:8.50cm,
重:345.28g。

闲章,瑞兽纽,寿山芙蓉石,
长:2.00cm,宽:2.00cm,高:12.50cm,
重:129.18g。

闲章,《石钟山房》瑞兽纽,寿山石,
长:2.80cm,宽:2.10cm,高:7.50cm,
重:98.18g。

闲章,《铁生仿汉》瑞兽纽,寿山石,长:2.50cm,宽:7.50cm,高:11.20cm,重:158.98g。

闲章,《清波门》瑞兽纽,寿山石,长:2.50cm,宽:2.50cm,高:11.20cm,重:158.98g。

闲章,《钟以敬》瑞兽纽,寿山石,长:2.80cm,宽:1.60cm,高:8.50cm,重:89.98g。

闲章,《吉祥如意》薄意雕山水纽,寿山石,长:3.60cm,宽:2.80cm,高:10.30cm,重:242.28g。

闲章,《集虚斋》瑞兽纽,寿山石,长:5.50cm,宽:2.20cm,高:6.80cm,重:165.28g。

闲章,《珍贵》松下问童子纽,寿山石,长:6.80cm,宽:1.70cm,高:7.00cm,重:147.27g。

闲章,《寿斋》薄意雕随形纽,寿山石,圆雕,
长:6.80cm,宽:2.10cm,高:7.60cm,
重:246.68g。

闲章,《无量寿佛》瑞兽纽,寿山芙蓉石,
长:4.80cm,宽:1.80cm,高:12.30cm,
重:240.57g。

闲章,《青宫少保》双龙戏珠纽,寿山石,圆雕,
长:3.20cm,宽:2.10cm,高:10.50cm,
重:154.27g。

闲章,《山虎》瑞兽方纽,寿山石,圆雕,
边款:石佛,
长:3.00cm,宽:3.00cm,高:15.50cm,
重:309.17g。

闲章,《俗人》瑞兽方纽,寿山石,圆雕,
长:3.00cm,宽:1.80cm,高:9.10cm,
重:115.27g。

闲章,螭龙纽,寿山芙蓉石,圆雕,边款:
铁生仿敬身刻石,
长:3.50cm,宽:2.20cm,高:8.70cm,
重:146.97g。

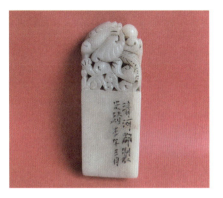

闲章,《清河郡》瑞兽方纽,寿山芙蓉石,
浮雕,
长:3.50cm,宽:1.70cm,高:9.30cm,
重:145.57g。

闲章,《招财进宝》螭龙纽,寿山芙蓉石,
浮雕,
长:2.70cm,宽:2.70cm,高:9.80cm,
重:160.17g。

闲章,《鹤堂》薄意雕随形纽,寿山石,
浮雕,
长:3.20cm,宽:2.80cm,高:7.30cm,
重:161.17g。

闲章,《不为无益之事,何以遣有涯之生》螭龙
纽,寿山石,圆雕,边款:高凤翰古联吟诗卷,
长:6.50cm,宽:6.50cm,高:7.80cm,
重:608.47g。

闲章,《金岗安抚司印》瑞兽纽,寿山石,
圆雕,边款:金岗安抚司印,
长:6.30cm,宽:6.30cm,高:6.60cm,
重:372.18g。

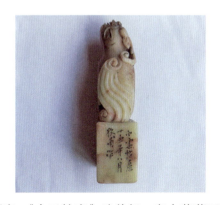

闲章,《白云怡意》瑞兽纽,寿山芙蓉石,
圆雕,边款:牧甫作,
长:3.10cm,宽:3.10cm,高:12.80cm,
重:288.67g。

闲章，《清风》瑞兽纽，寿山芙蓉石，圆雕，
长:2.80cm，宽:1.20cm，高:6.30cm，
重:51.78g。

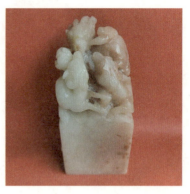

闲章，《三阳开泰》瑞兽纽，寿山芙蓉石，
圆雕，
长:4.60cm，宽:4.30cm，高:10.30cm，
重:433.37g。

闲章，《万里江山鸿爪遍》仙童捧寿方纽，
寿山芙蓉石，圆雕，
长:6.30cm，宽:6.30cm，高:17.20cm，超过
千克。

闲章，《不贵难得之货》太平有象纽，寿山
石，圆雕，
长:6.50cm，宽:6.50cm，高:15.50cm，超过
千克。

闲章，《以万物莫不尊道而贵德》镇宅摆
件，寿山芙蓉石，圆雕，
长:11.60cm，宽:11.60cm，高:17.20cm，超过
千克。

宅镇，《松荫高士图》薄意雕随形摆件，寿
山冻石，圆雕，边款:石卿作，
长:9.00cm，宽:8.50cm，高:17.00cm，超过
千克。

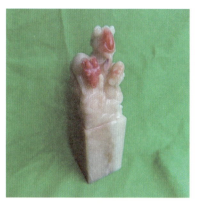

《三阳开泰》瑞兽纽，寿山芙蓉石，圆雕，长:2.90cm，宽:2.90cm，高:10.50cm，重:192.88g。

《十二生肖·鼠》瑞兽纽，寿山石，圆雕，长:2.50cm，宽:2.50cm，高:11.80cm，重:175.88g。

《十二生肖·牛》瑞兽纽，寿山石，圆雕，长:2.50cm，宽:2.50cm，高:11.80cm，重:175.88g。

《十二生肖·虎》瑞兽纽，寿山石，圆雕，长:2.50cm，宽:2.50cm，高:11.80cm，重:175.88g。

《十二生肖·兔》瑞兽纽，寿山石，圆雕，长:2.50cm，宽:2.50cm，高:11.80cm，重:175.88g。

《十二生肖·龙》瑞兽纽，寿山石，圆雕，长:2.50cm，宽:2.50cm，高:11.80cm，重:175.88g。

《十二生肖·蛇》瑞兽纽，寿山石，圆雕，长:2.50cm，宽:2.50cm，高:11.80cm，重:175.88g。

《十二生肖·马》瑞兽纽，寿山石，圆雕，长:2.50cm，宽:2.50cm，高:11.80cm，重:175.88g。

《十二生肖·羊》瑞兽纽，寿山石，圆雕，长:2.50cm，宽:2.50cm，高:11.80cm，重:175.88g。

《十二生肖·猴》瑞兽纽，寿山石，圆雕，长:2.50cm，宽:2.50cm，高:11.80cm，重:175.88g。

《十二生肖·鸡》瑞兽纽，寿山石，圆雕，长:2.50cm，宽:2.50cm，高:11.80cm，重:175.88g。

《十二生肖·狗》瑞兽纽，寿山石，圆雕，长:2.50cm，宽:2.50cm，高:11.80cm，重:175.88g。

《十二生肖·猪》瑞兽纽，寿山石，圆雕，
长:2.50cm，宽:2.50cm，高:11.80cm，
重:175.88g。

闲章，《鉴古堂》薄意雕随形纽，寿山石，
长:5.80cm，宽:5.50cm，高:9.50cm，
重:431.48g。

闲章，《求香之隅》瑞兽纽，寿山芙蓉石，
圆雕，
长:2.50cm，宽:2.50cm，高:13.00cm，
重:175.98g。

《太白醉酒》水盂，文房用品，寿山芙蓉石，圆雕，
长:11.00cm，宽:5.50cm，高:10.80cm，
重:547.18g。

《家有仙兔》瑞兽摆件，寿山石，象牙白，
圆雕，
长:10.50cm，宽:4.50cm，高:5.80cm，
重:339.78g。

《亲密无间·大蒜》案头小摆件，文房用品，寿山石，石灰白，圆雕，
长:8.00cm，宽:4.90cm，高:4.80cm，
重:120.68g。

《孪生兄弟·红萝卜》案头小摆件，文房用品，寿山石，圆雕，
长：11.00cm，宽：5.50cm，高：3.50cm，
重：233.87g。

《早生贵子》案头小摆件，文房用品，寿山石，圆雕，
长：7.50cm，宽：7.00cm，高：2.50cm，
重：186.17g。

《水晶明珠》案头小摆件，文房用品，寿山芙蓉石，圆雕，
长：10.00cm，宽：5.50cm，高：4.50cm，
重：183.27g。

闲章，《山中日出》年年有余瑞兽纽，边款：壬寅秋西泉作，
长：1.60cm，宽：1.40cm，高：8.50cm，
重：36.17g。

闲章，《书生门户廉吏子孙》螭龙瑞兽纽，寿山芙蓉石，边款：醉石刻，
长：9.00cm，宽：5.50cm，高：3.00cm，
重：150.87g。

《呱呱来财》旧纽（仿），寿山石，俏色圆雕，
长：5.38cm，宽：5.20cm，高：8.00cm。

模块三　巴林石

一、巴林石的产地

巴林石产于内蒙古巴林右旗大板镇北约50公里的查干沐沦苏木西北、雅玛图山北面的大化石山和小化石山一带。这一地带位于内蒙古东部西拉沐伦河北岸、大兴安岭南段山地,是科尔沁草原的组成部分。雅玛图山丰裕的自然资源孕育了巴林石,其中的鸡血石最为名贵。

【拓展阅读】

美丽草原宝贝多 "天赐之石"巴林石

巴林石,因产自内蒙古自治区巴林右旗而得名。巴林石色泽斑斓,质地温润,钟灵毓秀,堪称精美绝伦,成吉思汗称其为"天赐之石"。近年来,随着艺术品市场的不断升温,巴林石的价格一路飙升,一块石头动辄几十万上百万,许多人因而为之疯狂。

(一)巴林石的历史传说

这是流传在查干沐沦河畔的一个古老故事。

金朝时,巴林草原是其建都之地。一年,老皇帝驾崩,新皇帝即位,全国四方选妃入宫,热闹非凡。新皇帝看上了年轻貌美的查干姑娘,可是查干姑娘却爱上了小伙子赛罕,和许多故事一样,后来这对青年男女殉情了……再后来,就传说查干和赛罕变成彩石和晶莹的冻石,而官员们则变成杂质和狗屎地子石。

(二)巴林石的品种

1973年,我国开始大规模勘探开采巴林石。1978年,内蒙古巴林石被轻工部正式命名为中国巴林石。

巴林石,学名叫叶蜡石。与寿山石、青田石、昌化石并称为"中国四大印石"。有人称巴林极品石是集"寿山田黄"之尊、融"昌化鸡血石"之艳、蕴"青田封门青"之雅的印坛奇葩。

巴林石分为福黄石、鸡血石、彩石、冻石四大类。有朱红、橙、黄、绿、蓝、紫、白、灰、黑色;分为不透明、微透明。巴林石呈块状,细腻润滑,晶莹如玉,是名贵的石雕材料。

巴林福黄石,与寿山田黄石不分伯仲,被称为"姊妹石",其石透明而质地柔和,坚而不脆,色泽纯黄无瑕,集细、洁、润、腻、温、凝于一身,凤毛麟角,珍贵至极。金石界素有

"一寸福黄三寸金"之说。

巴林鸡血石,是巴林石中的极品,历来就有"世界鸡血石在中国,中国鸡血石在巴林"的说法。其石质地温润坚实,石上斑斑血迹聚散有致,红光照人,犹如红霞映月。国内最大的、被称为"中国鸡血石王"的大块鸡血石,色彩对比强烈,分外夺目。

巴林彩石的图案以天然见长,色彩艳丽多姿,纹理惟妙惟肖,美丽奇妙。巴林彩石上绚丽的色彩、流畅的线条、栩栩如生的水草松枝等,无不展现着大自然的鬼斧神工。国内唯巴林盛产彩石。

巴林鸡血石,是中国鸡血石的后起之秀,业界公开认可的两大鸡血石,即巴林鸡血石(《龙凤呈祥》巴林鸡血石对章、《火凤凰》巴林鸡血石手把件)和昌化鸡血石。但是现在市面上有许多新开发的鸡血石品种,如桂林鸡血石、贵州鸡血石、西安鸡血石;作为独立的品种,它们的存在无可厚非,也有一定的价值,但是有人偏要拿这些新品种冒充巴林鸡血石和昌化鸡血石,就有问题了,例如,桂林鸡血石,准确地说是变质的火山岩——碧玉岩,简单地说是红碧玉,如果石头有红色,就说它是鸡血石,那真是失之毫厘,谬以千里矣。

《龙凤呈祥》巴林鸡血石对章

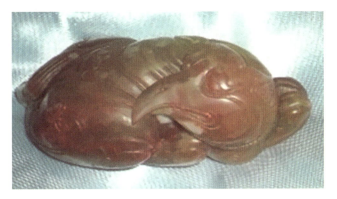

《火凤凰》巴林鸡血石手把件

(三)"天赐之石"

在成吉思汗统一蒙古各部落的庆功宴上,属下奉献了一只巴林石碗,大汗用它盛满美酒,频频举杯,不停称赞:"腾格里朝鲁!"意思是"天赐之石"。

清朝时,巴林石碗成为上奉朝廷的贡品。后来,在一座古墓中,还发现了殉葬的黄色巴林石碗。民国初年,矿物学家张守范命名巴林石为"林西石",日军侵华时期,曾抓中国劳工开采矿石,企图用上好的巴林石朝贡日本天

《年年有余》巴林红花冻石摆件

皇,电影《巴林石传奇》展现的就是这个时期发生的故事。

二、内蒙古巴林石——"天赐之石"

(一)名人名印

中华人民共和国成立后,国内外许多知名人士都曾经用巴林石为自己制印。在香港回归一周年之际,藏石家于占武先生曾请篆刻家崔连魁篆刻"纪念香港回归一周年纪念玺",赠送香港。在澳门回归之际,他又邀请著名篆刻家刘江篆书印文,制作了"澳门回归祖国纪念玺",送往澳门,这在区内外引起了轰动。著名微雕大师朱云青先生用巴林石为许多名人篆刻印章。据朱云青先生介绍,他曾用巴林石精料为国际奥委会主席萨马兰奇篆刻了印章。这些既为巴林石增添了光彩,也让巴林人引以为豪。

掂量着犀角冻鸡血图章,社会学家费孝通先生激动地说:"价值连城",遂题"宝玉天生"四个大字。

"六一硕士"为巴林红花冻自刻印,印文仿欧阳修印纽"六一居士"而成

(二)电影《巴林石传奇》

《巴林石传奇》讲述了民国初年,一位老玉工为避免国宝巴林石鸡血王落入日本侵略者手中而奋力抗争的传奇故事。

【拓展阅读】

巴林石传奇

民国初年,一块曾被进贡给皇帝的宝石"鸡血王"落入日本武士手中。号称"塞外第一刀"的刘振有搭上妻子一条性命,将"鸡血王"从日本武士手中夺了回来。"鸡血王"被刘振有夺走后,日本武士黑泽光将曾接受过皇帝黄马褂封赏的乔侦探"请"了去。看到那些死在飞刀之下的日本武士,乔侦探断言此乃刘振有所为。因为在塞外,除刘振有外再无人有这个本事。然而,乔侦探年事已高,缉捕刘振有只能交由他的儿子乔娃来完成。

在塞外荒原,乔娃也是一条响当当的汉子。但父亲落在日本武士之手,他也万般无奈。出发不久,乔娃就偶遇琦儿,并因搭救过琦儿而赢得她的好感。琦儿是刘振有的女儿,在见到乔娃的那一刻,就为乔娃所倾倒。琦儿一路留记号给乔娃引路,在她的帮助下,乔娃顺利追上了刘振有。尽管乔娃出身于世代巡捕之门,但面对刘振有,他也是奈何不得。几次交手,刘振有都得以逃脱。

当乔娃再一次找上门时,他的腿被刘振有布下的狼夹夹伤了。乔娃因为腿伤被迫寄居于一座破败的小木屋,其间,琦儿不止一次地溜出去看望他,并给他带去食物。对于女儿的所作所为,刘振有了如指掌,但他佯装不知。利用琦儿给乔娃送羊肉汤的时机,刘振有小做手脚,致使乔娃中毒。女儿在得知真相后,以死相逼,刘振有不得不拿出解药。

在琦儿的悉心照顾下,乔娃的伤势有了好转,然而,乔娃救父心切,置国家大义于不顾,执意要带走"鸡血王"。就在乔娃和刘振有为"鸡血王"的归属争执不下时,一个偶然的机会,刘振有发现了"鸡血王"的秘密。原来,"鸡血王"里的图案就是脚底下的大山,这说明"鸡血王"里藏着这座山的矿脉。至此,乔娃才彻底清醒,并在黑泽光一伙追杀而来时,和刘振有联手,击败了追杀的日本武士,粉碎了他们抢夺"鸡血王"的企图,保护了国宝。

延伸阅读

1.《美丽草原宝贝多 "天赐之石"巴林石》,CCTV-10 科教频道。
2.《赤峰"见龙在田"》,CCTV.COM 央视国际。
3.《四大印石之一——巴林石》,CCTV-10 科教频道。
4.《动作片〈巴林石传奇〉》,CCTV.COM 央视国际。
5.《赤峰〈奇石物语〉》,CCTV.COM 央视国际。
6.《中华国石 巴林石(四)·天降财富〈蔚蓝的故乡〉》,CCTV.COM 央视国际。

思考与练习

一、单项选择题

1. 巴林石产于内蒙古巴林右旗大板镇北约50公里的( )。
   A.寿山溪　　　　　　B.西拉沐沦河　　　　C.玉龙喀什河　　　　D.楠溪江

2. ( )与寿山石、青田石、昌化石并称为"中国四大印石"。
   A.巴林石　　　　　　B.田黄石　　　　　　C.封门青　　　　　　D.芙蓉石

3. 内蒙古巴林石在( )被轻工部正式命名为中国巴林石。
   A.1968年　　　　　　B.1978年　　　　　　C.1988年　　　　　　D.1998年

4. 成吉思汗称赞( )为"腾格里朝鲁!"意思是"天赐之石"。
   A.寿山石　　　　　　B.青田石　　　　　　C.华安石　　　　　　D.巴林石

5. ( )作为石文化,内涵丰富,它涵盖了红山文化、草原青铜文化、契丹辽文化和蒙元文化。
   A.寿山石　　　　　　B.青田石　　　　　　C.巴林石　　　　　　D.绿松石

6. 《巴林石传奇》讲述了民国初年,一位老玉工为避免国宝巴林鸡血王落入( )侵略者手中而奋力抗争的传奇故事。
   A.日本　　　　　　　B.俄国　　　　　　　C.德国　　　　　　　D.八国联军

7. ( )是集"寿山田黄"之尊、融"昌化鸡血石"之艳、蕴"青田封门青"之雅的印坛奇葩。
   A.巴林石　　　　　　B.福黄石　　　　　　C.绿松石　　　　　　D.独山石

二、多项选择题

巴林石作为石文化,内涵丰富,它涵盖了( ),而且将以精美的石文化在人类文明发展史上留下浓墨重彩的一笔。
   A.红山文化　　　　　B.青铜文化　　　　　C.契丹辽文化　　　　D.蒙元文化

三、思考题

1. 巴林石产于什么地方?
2. 说说巴林石的主要品种。
3. "澳门回归祖国纪念玺"由哪位篆刻家所篆刻?
4. 电影《巴林石传奇》讲述了什么时代的传奇故事?
5. 谈谈观看《巴林石传奇》的感想。
6. 巴林石被"一代天骄"成吉思汗称为什么?

宝玉石投资实务

教学图鉴

《独钓寒江雪》扇形对纽，巴林石，
重：54.27g。

《三阳开泰》圆纽，巴林石，
重：85.68g。

《六艺藏书》牛纽，巴林石，
重：54.67g。

《春江花月》船纽，巴林石，
重：33.88g。

《年年有余》荷叶纽，巴林石，
长：2.10cm，宽：2.10cm，高：15.60cm，
重：152.48g。

闲章，《如意》纽，巴林石，
长：1.50cm，宽：2.60cm，高：8.10cm，
重：74.57g。

《寿》竹林七贤纽,巴林石,
重:48.97g。

《瑞兽》貔貅纽,巴林红花石,
长:1.60cm,宽:3.30cm,高:11.20cm,
重:139.80g。

《飞乐斋》桥纽,巴林石,
重:44.68g。

《仁者寿》三联纽,巴林石,
长:5.20cm,宽:1.60cm,高:5.20cm,
重:94.38g。

《江山多娇》貔貅纽,巴林鸡血石,
长:5.20cm,宽:1.60cm,高:5.20cm,
重:49.47g。

《乐巢山人》巴林石方纽,
长:3.30cm,宽:3.30cm,高:15.50cm,
重:439.28g。

《对酒当歌》酒杯纽，
重:55.38g。

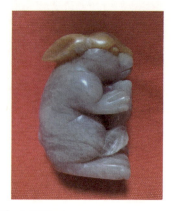

《兔子》小摆件，
长:1.50cm，宽:1.50cm，高:4.50cm，
重:117.98g。

《微刻》巴林石对纽，
长:3.20cm，宽:1.30cm，高:6.30cm，
重:99.78g。

《荷叶》随形纽，巴林石，
长:3.50cm，宽:2.10cm，高:7.10cm，
重:152.78g。

《鸳鸯》荷叶方纽，巴林石，乐三款，
长:2.80cm，宽:2.10cm，高:3.80cm，
重:55.58g。

《微刻》巴林石红花冻方纽，
长:2.20cm，宽:2.20cm，高:13.30cm，
重:148.18g。

《老寿星》手摆件，巴林石，桐城方氏，
长：5.00cm，宽：3.30cm，高：9.20cm，
重：245.29g。

闲章，《瓜瓞绵延》方纽，巴林石，随园老人款，
长：5.30cm，宽：5.30cm，高：9.10cm，
重：512.58g。

《下笔开生面》瑞兽方纽，巴林石，
长：3.50cm，宽：3.20cm，高：18.10cm，
重：533.88g。

《真水无痕》方纽，巴林石，
长：3.30cm，宽：3.30cm，高：16.30cm，
重：460.28g。

《古泥》随形纽，巴林石，
长：3.50cm，宽：1.60cm，高：6.80cm，
重：110.48g。

《金陵倪君》方纽，巴林石，
长：4.50cm，宽：4.50cm，高：4.50cm，
重：291.58g。

薄意雕随形山子，巴林鸡血石，
长:6.80cm，宽:2.30cm，高:7.50cm，
重:232.78g。

《寿》字扇形纽，巴林石，
长:1.20cm，宽:0.80cm，高:11.30cm，
重:17.98g。

《风月自来景》砚形纽，巴林石，
长:3.30cm，宽:0.80cm，高:5.80cm，
重:37.58g。

《桥》连体纽，巴林石，
长:4.10cm，宽:1.50cm，高:3.50cm，
重:45.28g。

《墨雨》扇形纽，巴林石，
长:3.00cm，宽:0.70cm，高:7.50cm，
重:22.18g。

《猴趣》小摆件，巴林石，
长:1.70cm，宽:1.20cm，高:4.80cm，
重:19.18g。

《吉祥如意》扇形纽，对章，巴林石，
长：1.40cm，宽：1.40cm，高：13.50cm，
重：109.28g。

《荷叶》过墙纽，巴林石，
长：3.00cm，宽：3.00cm，高：9.00cm，
重：277.58g。

《劲松》过墙纽，巴林石，
长：3.10cm，宽：3.10cm，高：9.50cm，
重：270.88g。

《吴俊》荷叶过墙纽，巴林石，
长：2.40cm，宽：2.40cm，高：10.80cm，
重：175.98g。

《半池莲花半池菱》劲松过墙纽，巴林石，
长：3.00cm，宽：3.00cm，高：11.30cm，
重：284.98g。

《三代鼎彝》荷花过墙纽，巴林石，
长：3.50cm，宽：3.30cm，高：11.80cm，
重：372.88g。

《入此中来》荷叶过墙纽,巴林石,
长:2.80cm,宽:2.80cm,高:11.20cm,
重:239.58g。

闲章,《人在大安》纽,巴林石,水草花,
长:3.30cm,宽:3.30cm,高:12.00cm,
重:297.68g。

闲章,《用心做事》纽,巴林石,
长:3.30cm,宽:3.30cm,高:12.00cm,
重:300.98g。

闲章,《活力下沙》对纽,巴林鸡血石,
长:3.00cm,宽:2.80cm,高:12.60cm,
重:606.68g。

闲章,《接天莲叶无穷碧》荷叶过墙方纽,
巴林石,陈硕款,
长:3.50cm,宽:3.30cm,高:10.50cm,
重:445.48g。

闲章,《山虚水深万籁》荷叶过墙方纽,父
石款,
长:3.50cm,宽:3.30cm,高:10.50cm,
重:250.88g。

闲章,《老骥伏枥》荷叶过墙方纽,巴林冻石,
长:2.80cm,宽:2.60cm,高:15.80cm,
重:340.28g。

闲章,《可德永年》荷叶过墙方纽,巴林石,
长:2.50cm,宽:2.50cm,高:10.50cm,
重:201.18g。

闲章,《地久天长》荷叶过墙方纽,巴林石,小庵凤岐款,
长:2.60cm,宽:2.60cm,高:14.80cm,
重:297.48g。

闲章,《朱文之宝》荷叶过墙方纽,巴林石,福厂款,
长:3.00cm,宽:3.00cm,高:3.30cm,
重:314.68g。

闲章,《人长寿》荷叶过墙方纽,巴林石,半丁款,
长:2.80cm,宽:2.80cm,高:12.50cm,
重:294.28g。

闲章,《多福》荷叶过墙方纽,巴林石,半丁款,
长:2.80cm,宽:2.80cm,高:12.80cm,
重:280.28g。

闲章，《斜阳照荷塘》荷叶过墙方纽，巴林石，福厂款，
长：2.80cm，宽：2.80cm，高：9.80cm，
重：241.08g。

闲章，《乐寿》荷叶过墙方纽，巴林石，
长：3.60cm，宽：2.50cm，高：10.80cm，
重：280.88g。

闲章，荷叶过墙方纽，巴林石，
长：2.70cm，宽：2.70cm，高：10.70cm，
重：219.18g。

闲章，荷叶过墙方纽，巴林石，
长：3.10cm，宽：3.10cm，高：14.30cm，
重：386.18g。

闲章，《翰墨缘》荷叶过墙方纽，巴林石，
长：3.20cm，宽：3.10cm，高：11.20cm，
重：317.58g。

闲章，《寒猿饮水》荷叶过墙方纽，巴林石，
长：3.10cm，宽：3.10cm，高：11.80cm，
重：324.88g。

闲章,《小珍山馆》荷叶过墙方纽,巴林石,长:3.20cm,宽:3.20cm,高:12.20cm,重:347.68g。

闲章,《小松玩古》荷叶过墙方纽,巴林石,长:2.80cm,宽:2.80cm,高:11.20cm,重:248.17g。

闲章,《契石》荷叶过墙方纽,巴林石,长:3.10cm,宽:2.50cm,高:9.50cm,重:185.48g。

闲章,《玉璋先生》荷叶过墙方纽,巴林石,长:3.00cm,宽:3.00cm,高:12.80cm,重:255.78g。

闲章,《秋月契石》荷叶过墙方纽,巴林石,长:2.80cm,宽:2.70cm,高:12.60cm,重:287.58g。

闲章,《结翰墨缘》荷叶过墙方纽,巴林石,长:3.20cm,宽:3.20cm,高:10.50cm,重:291.37g。

闲章，荷叶过墙方纽，巴林石，
长:2.80cm，宽:2.80cm，高:12.20cm，
重:278.67g。

闲章，《心经》荷叶过墙方纽，巴林鸡血石，
长:3.00cm，宽:3.00cm，高:12.30cm，
重:314.77g。

闲章，荷叶过墙方纽，巴林石，
长:2.60cm，宽:2.60cm，高:14.30cm，
重:285.27g。

闲章，《养心》荷叶过墙方纽，巴林石，
长:3.20cm，宽:3.00cm，高:10.50cm，
重:282.57g。

闲章，《晓天刻石》荷叶过墙方纽，巴林石，
长:2.80cm，宽:2.80cm，高:10.10cm，
重:236.07g。

闲章，《教学相长》荷叶过墙方纽，巴林石，
长:3.80cm，宽:3.60cm，高:12.00cm，
重:436.67g。

闲章,《于风云端》荷叶过墙方纽,巴林石,长:3.50cm,宽:3.50cm,高:14.50cm,重:466.37g。

闲章,《君临天下》荷叶过墙方纽,巴林石,长:8.80cm,宽:3.00cm,高:10.10cm,重:381.47g。

摆件,《天伦之乐》狮子舞绣球,巴林石,长:30.00cm,宽:6.80cm,高:2.00cm,重:29.00kg。

闲章,《诗云凤鸣》荷叶过墙方纽,巴林石,长:3.80cm,宽:3.80cm,高:13.60cm,重:549.68g。

闲章,《于彼朝阳》荷叶过墙方纽,巴林石,长:4.30cm,宽:4.30cm,高:10.80cm,重:398.88g。

闲章,《南禅丈室》荷叶过墙方纽,巴林石,长:2.90cm,宽:2.90cm,高:10.80cm,重:265.07g。

闲章,《何地不阳春》荷叶过墙方纽,巴林石,长:3.50cm,宽:3.50cm,高:9.50cm,重:313.37g。

闲章,《武陵人》老寿星纽,巴林红花冻石,长:3.40cm,宽:3.40cm,高:15.00cm,重:416.27g。

闲章,《西郭外史》人物纽,巴林红花冻石,长:3.30cm,宽:3.30cm,高:16.60cm,重:414.58g。

闲章,《山静兰初放》瑞兽方纽,巴林石,长:4.00cm,宽:4.00cm,高:14.20cm,重:459.17g。

闲章,《生意兴隆》花生螭龙方纽,巴林鸡血石,长:3.00cm,宽:3.00cm,高:13.00cm,重:288.58g。

《携子上朝》巴林红花瑞兽纽,巴林红花石,长:4.00cm,宽:4.00cm,高:16.80cm,重:578.48g。

《龙佑天下》巴林红花龙纽，巴林红花石，
长:3.50cm，宽:3.50cm，高:17.50cm，
重:496.88g。

巴林红花对纽，巴林红花石，
长:6.00cm，宽:6.00cm，高:21.00cm。

巴林红花瑞兽纽，旧印，散木款，
长:3.80cm，宽:3.80cm，高:15.00cm，
重:490.58g。

《松荫高士图》巴林石摆件，浮雕，圆雕，
巴林石水草花，
长:14.50cm，宽:6.50cm，高:21.00cm。

《一鸣惊人》巴林石节节高小摆件，浮雕，
圆雕，
长:5.20cm，宽:1.50cm，高:11.80cm，
重:119.58g。

《双龙吐瑞》巴林石方纽，浮雕，圆雕，巴
林三彩，
长:4.90cm，宽:4.70cm，高:7.30cm，
重:158.89g。

闲章,《三阳开泰》瑞兽纽,巴林石,圆雕,
长:3.60cm,宽:3.60cm,高:13.30cm,
重:361.17g。

闲章,《先天下之忧而忧 后天下之乐而乐》桥纽,巴林石,圆雕,
长:5.20cm,宽:5.00cm,高:3.50cm,
重:151.68g。

模块四　鸡血石

一、鸡血石的产地

昌化鸡血石产于浙江省临安市昌化玉岩山。鸡血石以其鲜活艳红如鸡血、晶莹剔透如美玉的天生丽质而为人们所珍视。昌化鸡血石的工艺用途主要是制作印章、雕刻工艺品和原石欣赏。昌化鸡血石是中国四大名石和"印石三宝"之一,享有"印石皇后"的美誉。

笔者认为,中国十大"国石"候选石和中国六大"国石"正式候选石中,把浙江省的两大石种之一定名为"昌化鸡血石",昌化石吃亏了。为什么这样讲?因为昌化鸡血石只是昌化石的一个品种而已,昌化石的范围更广,在杭州临安,除昌化鸡血石外,还有许多其他的昌化石,但是将候选"国石"定名为昌化鸡血石,也就意味着其他昌化石不是候选"国石"。

与其他宝玉石一样,随着价格的上涨,市场上出现了许多鸡血石的"替代品",例如《水浒108将之一》青田石雕摆件,这个石雕摆件的原石是1999年我从杭州解放路百货商店购买的,当时柜台标注的就是昌化石,我看了暗自好笑,其实这是长白山石。当然这块长白山石本身的"品相"是非常不错的,这个作品的底座也不是"昌化石",而是"萧山红"。

《水浒108将之一》青田石雕摆件

(一)昌化鸡血石的历史传说

传说远古时期,一对美丽的凤凰在空中翱翔,不时听到哀怨之声,俯首一看玉岩山一带,蝗虫成灾,瘟疫流行,作物不长,满目荒凉,百姓愁苦。善良正义的凤凰凭借自己的力量消灭了蝗虫灾害,驱散了瘟疫,匡扶了生灵。

凤凰的善良行为感动了天地,玉皇大帝派皇太子下凡了解情况,并令地藏菩萨将凤凰血和凤凰蛋点化成美丽的丹石,赋予丹石逢凶化吉、驱恶扬善,以及正义的力量。

自此,玉岩山上的凤凰血和凤凰蛋经过千万年埋藏,而成了今天的稀世珍宝——鸡血石,根据这个传说,鸡血石应该叫"凤血石",但是人们在采矿时发现它的色彩与刚宰杀的鸡血滴在玉石上极为相似,因而称其为"鸡血石"。

【拓展阅读】

一唱雄鸡天下白

西汉韩婴在《韩诗外传》中说，鸡有五德："头戴冠者，文也；足搏距者，武也；敌在前敢斗者，勇也；见食相呼者，仁也；守夜不失时者，信也。"正因为鸡是可以信赖的"五德之禽"，在我国，雄鸡图成为画家们青睐的创作题材之一。齐白石所画的鸡，寥寥数笔，展现了鸡的悠然自得；徐悲鸿画的鸡，怒发冲冠如斗士高歌；吴作人画鸡，以奇特的构图传神地凸现雄鸡的气势。鸡在画家笔下气象万千，令观赏者充满乐趣。

（二）昌化鸡血石的品种

昌化鸡血石有老坑、新坑之别。凡颜色鲜艳，质地透明、半透明的石料多为老坑所产；新坑所产石料大多色彩不够鲜艳，质地也透明，美感次之。

昌化鸡血石主要品名有：

(1) 羊脂地鸡血石：奶白色冻地。
(2) 藕粉地鸡血石：灰白微青色。
(3) 桃花地鸡血石：淡粉红色地。
(4) 红花地鸡血石：布满红色花斑地。
(5) 肉糕地鸡血石：鸡油黄、栗黄色冻地。
(6) 荸荠糕地鸡血石：浅黄色地。
(7) 虾青地鸡血石：浅灰微绿色地。
(8) 牛角地鸡血石：深灰色、黑色地。
(9) "刘关张"石：红、白、黑并陈，各喻刘备、关公、张飞。
(10) 五彩鸡血石：黄、青、白、黑地，渗以鸡血红斑。
(11) 全红鸡血石：六面或全体通红。
(12) 砺灰地鸡血石：色灰白、质粗糙。
(13) 瓦砾地鸡血石：俗称钢板地，灰色，质硬。
(14) 血皮鸡血石：地子上仅有一层薄薄的血色。

鸡血石品质高低，以地子、血色区分。地子，即质地，有冻石、普通石、炼石数类，以冻石最佳。它们有白、粉、黄、灰、绿、黑等颜色，以白如玉的羊脂冻地为上，乌冻次之，绿地最次。血色以朱砂的多少、形态、鲜艳度区分。色有鲜红、正红、深红、紫红等，形有片红、条红、斑红、霞红等。一般以血多、色鲜、形美者为佳。

（三）昌化田黄

概括地说，在我国，鸡血石的产地主要有两个：一是浙江省昌化县，二是内蒙古巴林右旗。按产地,它们分别被称作昌化鸡血石和巴林鸡血石。

20世纪70年代初,日本前首相田中角荣、前外相大平正芳来中国访问,周恩来总理将昌化鸡血石对章作为国礼馈赠两位贵宾。对章由集云阁篆刻家沈受觉、刘友石先生操刀。

于是,鸡血石在日本名声大噪,日本掀起了一股收藏鸡血石的热潮。日本游客来华时,必将鸡血石作为首选礼品带回国内。此后,中国香港、台湾的游客乃至东南亚华人也掀起了"鸡血石热",上演了新一轮"鸡血石风暴",收藏界再次将焦点转向鸡血石。

和其他宝玉石一样,玉石的稀缺性和市场价格的快速上涨,导致对货品需求的增加,这样就出现了市场炒作行为,一些商家为了追逐高额利润,在"昌化石"上加上"田黄"二字,形成"昌化田黄石"的称呼,再加上当地一些媒体不分青红皂白的报道,久而久之就形成了"昌化田黄"这种说法,这实际上是一种"蹭热点"行为。试想一想,是不是好的茶叶,都可以叫"龙井茶"?是不是好的橘子,都可以叫"黄岩蜜橘"?……如果都这样,市场岂不乱套了。

【拓展阅读】

市场炒作昌化"鸡血田黄"其实并非寿山"田黄"

拥有一方田黄石印章几乎是不少收藏爱好者梦寐以求的事情,就在上个周末,玉石藏家杭州人张先生在藏品集市上花1500元收了一方田黄印章,如果按田黄石的当前行情算,张先生是"捡了漏"了。不过这方印章经专家鉴定后确定是产于杭州临安昌化的"鸡血田黄",也有人将它叫作昌化田黄。

根据国家相关标准,田黄属于福建寿山石中的上品,因为这种石头抛光后有蜡状、油脂光泽,摩氏硬度只有2~3(玉石软硬的指标,如翡翠的摩氏硬度为6.5~7,属硬玉),因此很适合制成各类石雕作品,特别是印章,历来以细腻著称于世。

从2006年开始,福建田黄石的产量达到历史低点,价格日益上涨。按目前的拍卖行情,精品田黄石价位已近2万元/克,可以算是世界上最昂贵的石头之一。

而在2006年以后,产于临安昌化地区的一种结构、成分和鸡血石相近的石头开始为藏友们所重视,因为这种石头从外表看和福建寿山田黄石很相像,民间为了和鸡血石相区别,把这种石头叫昌化田黄或鸡血田黄。近年来,因市场炒作,一块手掌大小、普通品质的鸡血田黄能卖到数千元,精品的价位则更高。

同时,出现了鸡血田黄和寿山田黄概念混淆的情况。据一位不愿具名的业内人士透露，前段时间，福建一家石雕厂收购了相当数量的鸡血田黄，加工成石雕、印章制品后，再以田黄石的名义卖到浙江。目前杭州各收藏品市场都有鸡血田黄出售，多数统称为田黄石，如果是不懂行的藏家很可能会将鸡血田黄当成寿山田黄买进，还以为是捡了漏。

一位在杭州颇有名气的玉石藏家说："鸡血田黄有一定的收藏价值，但其在价值上毕竟和寿山田黄有着较大差别。现在圈内的普遍情况是，碰到真正的寿山田黄，大家都会抢着要，如果是鸡血田黄，非大件精品不收。相对于和田玉、翡翠而言，鸡血田黄的流通性要差很多。所以收藏爱好者收进去的普品在一定时间内很难出手。"

实际上，区分寿山田黄和鸡血田黄还是有窍门的，两者最大的区别是，寿山田黄在放大镜下有特殊的萝卜纹状条纹构造，鸡血田黄则没有。

二、昌化鸡血石——印章石中的皇后

（一）石头大省——浙江省

青田石和昌化鸡血石是出产于浙江省青田县和杭州市的两大著名石种。无论是中国十大候选"国石"还是中国六大正式候选"国石"，青田石和昌化鸡血石均稳居其中，这在全国是独此一家，可以毫不夸张地说，浙江省是"石头大省"，而杭州作为浙江省的政治、经济、文化中心，艺术品市场极其发达，赏石高手云集于此。

浙江电视台《拍卖现场》

笔者杭州河坊街的"六艺千印坊"工作室

(二)《鸡血石印》特种邮票

【拓展阅读】

鸡血石印——乾隆宝玺

2004年9月18日,国家邮政总局发行《鸡血石印》特种邮票,首发式在浙江临安举行。

这套《鸡血石印》特种邮票共两枚,题材分别选取了现珍藏在北京故宫博物院的昌化鸡血石"乾隆宸翰""惟几惟康"乾隆、嘉庆皇帝的两枚宝玺。

《鸡血石印》的邮票主图原件"乾隆宝玺"和"嘉庆宝玺"是用昌化鸡血石雕刻的故宫藏品,两件作品设计新颖独特,雕琢精微细腻,形象生动传神,色泽光亮鲜艳,是鸡血石印章中的宝物。

乾隆皇帝有多枚昌化鸡血石宝玺。这枚"乾隆宸翰"高15.2 cm,长、宽8.4 cm见方,制于清乾隆二十四年(1759年),是清朝乾隆皇帝诸多宝玺中最为精美的。

作者卫承芳,河南人,清代雕刻名师。

作品展现的是乾隆南巡时畅游西湖的景致,荷花丛中双鹤漫步,池中鸳鸯交颈,水底鱼儿嬉戏,花间叶面蜻蜓飞舞,青蛙跳跃,螃蟹横行,生机盎然。荷池岸边的岩石上刻有三处边款,其中一处云:"莲塘三十里,四面起清风。鸳鸯飞不去,只在藕花中。己卯日过西湖,见荷花烂漫,摹之于石……"

其印面印文"乾隆宸翰"相对容易理解。"宸",屋宇的意思。封建时代指帝王的居所。借以指代皇帝。有的说"宸"即北宸,就是北极星。皇帝坐北朝南,所以北宸同样代指封建皇帝。"翰"本指羽毛,后来借指毛笔、墨迹、文章、书画、印章、信函等。

刻阳文"乾隆宸翰"。

"乾隆宸翰"就是乾隆皇帝翰墨的意思。它点明了印章的作用,就是乾隆皇帝用以钤盖自己御笔书画的一方闲章。通过这枚印章,人们可以看出乾隆皇帝的闲情逸致与治国的自信从容。

延伸阅读

1.《文化大百科·昌化鸡血石》,CCTV-3综艺频道。
2.《〈韩诗外传〉明镜所以照形,古事所以知今》,CCTV节目官网。
3.《市场炒作昌化"鸡血田黄"其实并非寿山"田黄"》,浙江在线新闻网。
4.《国宝档案·清"乾隆宸翰"宝玺》,CCTV-4中文国际频道。

思考与练习

一、单项选择题

1. 我国最早发现的鸡血石是浙江省临安市昌化（　　）鸡血石。
   A. 玉皇山　　　　B. 天姥山　　　　C. 天目山　　　　D. 玉岩山

2. "鸡有五德"，语出古代韩婴所作（　　）。
   A.《韩诗外传》　　B.《儒林外史》　　C.《天工开物》　　D.《新唐书》

3. 昌化鸡血石以其鲜活艳红如鸡血、晶莹剔透如美玉的天生丽质，和寿山的芙蓉石一样，享有（　　）的美誉。
   A. 印石皇帝　　　B. 印章皇帝　　　C. 印石皇后　　　D. 印章皇后

4. 昌化鸡血石是辰砂条带的（　　），其矿物成分为叶蜡石，颜色比朱砂还鲜红。
   A. 辉晶石　　　　B. 风凌石　　　　C. 地开石　　　　D. 石英石

5. 20世纪70年代初，（　　）前首相到中国访问，周恩来总理将昌化鸡血石对章，作为国礼馈赠贵宾。
   A. 英国　　　　　B. 瑞典　　　　　C. 荷兰　　　　　D. 日本

二、多项选择题

1.《韩诗外传》所描述的鸡之品德，除有（　　）外，"守夜不失，信也"。
   A. 文也　　　　　B. 武也　　　　　C. 勇也　　　　　D. 仁也

2. 昌化鸡血石的开采始于明代，而盛名于清代，（　　）等皇帝十分赏识昌化鸡血石，将其作为宝玺的章料。
   A. 康熙　　　　　B. 乾隆　　　　　C. 嘉庆　　　　　D. 慈禧太后

3. 2004年9月18日，国家邮政总局发行《鸡血石印》特种邮票，首发式在浙江临安举行。这套《鸡血石印》特种邮票共两枚，题材分别选取珍藏在北京故宫博物院的昌化鸡血石"乾隆宝玺""嘉庆宝玺"。其印面分别是（　　）。
   A. 乾隆宸翰　　　B. 惟几惟康　　　C. 乐天　　　　　D. 惟精惟一

三、思考题

1. 我国最早发现的鸡血石是哪个地方的？
2. 昌化鸡血石，享有（　　）的美誉。
3. 周恩来总理将（　　）对章，作为国礼馈赠日本前首相田中角荣、前外相大平正芳。
4.《鸡血石印》特种邮票选取（　　）皇帝的两枚宝玺。
5. 你认可"昌化田黄"的说法吗？
6. 你知道"鸡有五德"吗？

宝玉石投资实务

教学图鉴

《金玉满堂》摆件，昌化石，红花冻，
长:2.20cm，宽:2.10cm，高:5.50cm。

《事事如意》摆件，昌化石，红花冻，
长:9.80cm，宽:9.80cm，高:33.00cm。

《松下问童子》摆件，昌化石，
长:14.00cm，宽:3.50cm，高:13.00cm。

《大红袍》手摆件，昌化鸡血石，牛角地，
重:235.07g。

《春色烟霞近》闲章，昌化石，
长:3.30cm，宽:3.30cm，高:15.30cm，
重:385.98g。

《松下问童子》随形摆件，昌化石，浮雕，
边款:白龙山人，
长:5.80cm，宽:3.80cm，高:9.60cm，
重:290.77g。

《卧牛》知了摆件，昌化石，
重：157.27g。

《钟馗》手摆件，昌化石，朱砂，
重：72.07g。

《一鸣惊人》知了摆件，昌化石，
长：6.10cm，宽：9.50cm，高：10.50cm，
重：785.57g。

《一鸣惊人》知了摆件，昌化石，
长：3.10cm，宽：5.50cm，高：8.10cm，
重：148.90g。

《鱼籽冻》昌化鸡血石圆纽，
重：94.98g。

《事业有成》知了摆件，昌化石，
重：134.47g。

闲章,《汗漫九州》孺子牛纽,昌化石,
长:6.00cm,宽:2.80cm,高:8.80cm,
重:261.28g。

《大蒜》手把件,昌化石,象牙白,
重:143.88g。

《观音》小摆件,昌化石,
长:19.00cm,宽:14.50cm,高:28.20cm,
重:691.78g。

《持钵罗汉》印纽,昌化石,象牙白,
重:143.88g。

《春色满园》旧印纽,昌化石,
长:9.80cm,宽:9.80cm,高:10.80cm。

《山子》小摆件,昌化鸡血石,
重:220.47g。

《刘海戏金蟾》小摆件,昌化石,
重:405.88g。

《观音》小摆件,昌化石,
长:9.80cm,宽:2.50cm,高:15.50cm,
重:266.18g。

《观音》小摆件,昌化石,聋石款,
重:115.88g。

《猴子捧寿》如意纽,昌化石,牧父款,
长:6.10cm,宽:2.80cm,高:9.60cm,
重:299.78g。

《松下问童子》山子小摆件,昌化石,石园款,
长:6.90cm,宽:3.80cm,高:6.90cm,
重:260.18g。

《佛像》山子小摆件,昌化石,石农款,
长:4.20cm,宽:2.20cm,高:9.10cm,
重:208.48g。

闲章,《如此至宝存岂多》方纽,昌化石,
石园款,
长:4.30cm,宽:4.30cm,高:9.20cm,
重:365.58g。

闲章,《富贵人运自来》方纽,昌化石,
长:4.50cm,宽:4.30cm,高:12.10cm,
重:558.77g。

闲章,《月带秋山房》随形纽,昌化石,
长:5.20cm,宽:3.80cm,高:6.80cm,
重:317.48g。

闲章,《螭龙》随形纽,昌化石,弘一款,
长:5.30cm,宽:2.80cm,高:5.80cm,
重:193.68g。

闲章,《鹤寿千岁》方纽,昌化石,
长:4.40cm,宽:4.70cm,高:3.80cm,
重:155.78g。

闲章,《财福相随》方纽,
长:4.50cm,宽:4.50cm,高:6.50cm,
重:302.28g。

闲章,《人生哪有空闲》随形纽,昌化石,
文沙若款,
重:80.48g。

闲章,《唐翰审定》扁方纽,昌化石,
长:6.30cm,宽:4.20cm,高:9.30cm,
重:601.48g。

《松下问童子》摆件,昌化石,
长:9.40cm,宽:2.00cm,高:7.80cm,
重:361.58g。

闲章,《螭龙》随形纽,昌化石,
长:3.60cm,宽:2.10cm,高:4.50cm,
重:71.28g。

闲章,《金石斋》薄意纽,昌化石,
长:3.70cm,宽:2.30cm,高:4.80cm,
重:119.38g。

闲章,《瓜瓞绵延》方纽,昌化石,小仓山房款,
长:6.10cm,宽:6.10cm,高:4.20cm,
重:387.88g。

闲章,《龙佑一方》方纽,昌化石,石丁款,
长:5.80cm,宽:5.80cm,高:6.50cm,
重:524.88g。

闲章,《少轩》方形瑞兽纽,昌化石,
长:2.40cm,宽:2.40cm,高:11.50cm,
重:290.28g。

闲章,《桂山志》方形瑞兽纽,昌化石,朱砂,
长:3.60cm,宽:3.10cm,高:11.20cm,
重:314.98g。

方形平头纽,昌化鸡血石,
长:2.20cm,宽:2.20cm,高:7.50cm,
重:102.38g。

闲章,《雨润》方形平头纽,昌化石,
朱砂,
长:2.80cm,宽:2.80cm,高:11.80cm,
重:319.48g。

闲章,《事事如意》纽,昌化石,吴兴穆
龙款,
长:7.60cm,宽:4.00cm,高:7.00cm,
重:340.68g。

闲章,《石钟山房》方形瑞兽纽,昌化石,朱砂,
长:2.10cm,宽:2.10cm,高:7.80cm,
重:78.38g。

闲章,《诸乐三记》方形瑞兽纽,昌化石,
长:5.30cm,宽:2.80cm,高:5.80cm,
重:193.68g。

闲章,《进运堂》方形瑞兽纽,昌化石,朱砂,
长:4.30cm,宽:2.20cm,高:7.20cm,
重:149.98g

闲章,《鹤寿》方形瑞兽纽,昌化石,朱砂,
长:2.70cm,宽:2.70cm,高:10.30cm,
重:182.28g。

闲章,《猴趣》方形瑞兽纽,昌化石,朱砂,
长:3.00cm,宽:3.00cm,高:8.80cm,
重:184.58g。

《一帆风顺》小摆件,昌化鸡血石,
重:393.68g。

闲章,《白云山樵》老寿星纽,昌化石,边款:白云山樵吴大澂作,
长:3.10cm,宽:3.10cm,高:13.20cm,
重:280.97g。

闲章,《一言九鼎》朱砂龙纽,昌化石,
长:5.10cm,宽:2.10cm,高:7.30cm,
重:147.27g。

闲章,《平安》和合二仙纽,昌化石,圆雕,边款:辅之,
长:3.40cm,宽:3.40cm,高:10.70cm,
重:237.68g。

《富甲天下》随形摆件,昌化石,浮雕,边款:竹有居珍藏,
长:16.00cm,宽:2.80cm,高:10.00cm,
重:409.27g。

闲章,《三阳开泰》瑞兽纽,昌化石,圆雕,
长:4.40cm,宽:4.30cm,高:8.50cm,
重:341.97g。

闲章,休景斋《松荫高士图》随形纽,昌化石,边款:休景斋,
长:5.30cm,宽:3.30cm,高:10.00cm,
重:233.47g。

《荸荠》手把件，昌化石，朱砂，
长:5.00cm，宽:5.00cm，高:2.60cm，
重:127.47g。

闲章，《身在城市 意在山林 福在眼前》
纽，昌化石，朱砂，次闲款，
长:3.90cm，宽:3.60cm，高:4.80cm，
重:166.38g。

闲章，《空山卧白云》仙童捧寿纽，昌化
石，旧印，
长:6.10cm，宽:4.00cm，高:6.00cm，
重:348.67g。

《松荫高士图》摆件，昌化石，浮雕，
长:14.50cm，宽:8.50cm，高:29.50cm。

《鲜艳欲滴》昌化鸡血石印纽，
长:2.90cm，宽:1.70cm，高:6.80cm。

《年年有余》小摆件，昌化鸡血石，浮雕，
圆雕，
长:6.00cm，宽:2.10cm，高:4.50cm，
重:76.38g。

《如此至宝存岂多》摆件，昌化石，
长：18.00cm，宽：6.50cm，高：33.00cm。

《连中三元》昌化石摆件，浮雕，
长：15.20cm，宽：5.50cm，高：19.80cm。

闲章，《小桥流水人家》纽，昌化石，旧印，
长：5.70cm，宽：5.70cm，高：9.60cm，
重：709.88g。

闲章，《竹摇印照幽窗》狮子纽，昌化石，旧印，
长：4.80cm，宽：4.80cm，高：9.80cm，
重：499.27g。

闲章，《时矫首而遐观》人物纽，昌化石，旧印，
长：4.80cm，宽：4.80cm，高：14.20cm，
重：811.18g。

闲章，《事事如意》太狮少狮对纽，昌化石，朱砂，旧印，
长：4.90cm，宽：4.90cm，高：15.00cm，
重：953.67g+971.18g。

《九应真》石雕摆件,昌化石,
长:11.00cm,宽:4.50cm,高:17.50cm。

闲章,《双龙戏珠》螭龙纽,昌化石,朱砂,边款:都提控印,
长:5.80cm,宽:5.80cm,高:8.50cm,
重:584.57g。

闲章,《牧童牛背踏歌行》昌化石雕摆件,昌化石,朱砂,旧印,
长:9.20cm,宽:5.30cm,高:7.30cm,
重:538.27g。

闲章,《平生水竹有深缘》八方来财纽,昌化石,边款:西泠印社醉竹所刻,
长:6.60cm,宽:6.50cm,高:15.60cm,超过千克。

昌化石螭龙方纽,
长:2.10cm,宽:2.10cm,高:7.50cm,
重:67.27g。

闲章,《锲而不舍》狮子舞绣球纽,昌化石,旧印,
长:12.20cm,宽:1.40cm,高:5.50cm,
重:152.47g。

《和合二神》昌化石摆件，浮雕，
长：13.50cm，宽：5.50cm，高：8.50cm。

闲章，《月到上方》牛纽，昌化石，边款：白龙山人王一亭刻，
长：4.50cm，宽：4.50cm，高：13.10cm，重：553.30g。

西泠旧印，太狮少狮纽，昌化石，边款：小松黄易，
长：6.10cm，宽：6.10cm，高：14.50cm，重：587.87g。

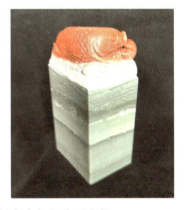

《年年有余》昌化石方纽，
长：4.10cm，宽：3.10cm，高：8.80cm，重：78.35g。

模块四　鸡血石　MOKUAISI JIXUESHI

模块五　青田石

一、青田石的产地

浙江青田石是中国十大候选"国石"之一,也是中国六大正式候选"国石"之一。青田石,因产于浙江省南部的青田县而得名,主要分布在图书洞、方山、白垟、岩垄、风门(封门)山一带,青田石的矿物成分为叶蜡石。

(一)青田石的历史传说

相传古时候,女娲补天的遗石,即是青田石。

又说以前,青田山口村住着一个农民,靠卖柴度日。一天,他在山上砍柴时不小心砍到石头上,石头被劈落一块,他捡起一看,那石头晶莹剔透,色彩斑斓,美丽极了。他将石头带回家,把它磨成一颗石珠,挂在女儿脖子上。乡亲们看到后都纷纷效仿,上山寻找那石头,做成各式各样的装饰品。这可能是人们利用青田石的最早传说。

而有文字记载的,则是六朝时期出现的用青田石雕刻的、作为墓葬品的小石猪。在唐代高度发达的文化艺术的熏陶下青田石雕技艺得到了快速的发展,到五代吴越时青田石雕技艺已达到相当高水平,从制作简单的用品发展到能雕刻写实、生动、精细的圆雕宗教艺术品。

元明时期,青田石被用于雕刻笔墨池等用具,也有雕琢成石碑、香炉、佛像等用品的,在供民间选用的同时,有的甚至进入宫廷为上层人士享用。它们不仅在国内销售,而且远销海外。

清乾隆五十五年(1790年),乾隆皇帝八旬万寿节时,大臣将一套青田石刻"宝典福书"印章敬献给他作寿礼。清光绪三十年(1904年),在比利时赛会上,青田石雕获银牌奖。光绪三十一年(1905年),在意大利罗马赛会上又获上等奖。1915年在美国旧金山举办的巴拿马太平洋博览会上,荣获两枚银牌奖章。

(二)青田石的品种

青田石有百余种品类。根据其矿物组成,青田石可分为叶蜡石型、地开石型、伊利石型和绢云母型。按照其产地,青田石可分为封门石、周村石、北山石、山炮石等。

著名的青田石品种有灯光冻、鱼脑冻、白果青田、紫青田、白青田、田墨、封门青(封门蓝)、秋皮冻、酱油青田、冻纹风门、图书石、黄金耀、竹叶青、金玉冻、红青田(美人红)、紫檀、蓝花钉、封门三彩(三色)、水藻花、煨冰纹、皮蛋冻、酱油冻等,均与实物名称相类,容易辨别。

《瑶池仙子》青田石雕摆件

二、浙江青田石——石中君子封门青

青田山多石头多，耕地面积少。这虽然是青田先天的缺陷，但山里的石头质润如玉，又成了青田一宝，两汉以来，青田石一直为文人所钟爱。青田石和田黄石、鸡血石并称为国内三大名石。

(一) 封门青

青田石以封门为上品，微透明而淡青、略带黄者称"封门青"。另外，晶莹如玉、照之璨如灯辉、半透明者称灯光冻。色如幽兰、油润纯净、通灵微透者称兰花青，兰花青的价格是越来越高。

由于封门青的矿脉细，产量非常少，色之高雅，质之温润，性之"中庸"，是所有印石中最宜受刀之石，大为篆刻家所青睐。其色泽天然，绝非人工或他石所能仿造，容易辨认。

昌化鸡血石、巴林石以色泽浓艳见长，象征富贵；封门青则以清新见长，象征隐逸淡泊，因此，前者可以说是物质的，后者则被认为是精神的，所以称封门青为"石中君子"，十分贴切。

【拓展阅读】

《宝玉石投资实务》课程综合实践——黑龙江省博物馆淘宝记

《大吉(鸡)图》青田石雕摆件，2017年8月6日购于黑龙江省博物馆文化创意经营中心。其材质为中国候选"国石"——浙江青田石之封门青。《大吉(鸡)图》材质优良，雕刻细腻，工艺高超，可谓巧夺天工。

《大吉(鸡)图》青田石雕摆件

黑龙江省博物馆文化创意经营中心

《大吉(鸡)图》作者特意雕刻了"11只鸡仔",寓意一心一意、栩栩如生、匠心独运、巧夺天工。

《大吉(鸡)图》还雕刻了"竹编工艺",形态逼真,浑然天成。《大吉(鸡)图》是2017年农历丁酉鸡年,在哈尔滨出席中国高教学会公共关系委员会第五次全国代表大会期间购得,意义非凡!

(二)侨乡青田之宝

明末清初,青田就已出现"番邦热",即现代的"出国热"。人们不带什么银子作资本,仅挑一担"图书岩"上路。"图书岩"就是"图章石"(青田话)。这些图书客或赴东洋,或沿西伯利亚大铁道,边走边刻边卖,靠双腿走到欧洲。

青田有句俗语:"青田豆腐县,不是亲就是眷。"意思青田范围小,互相都是亲戚,现在青田县的人们几乎都有海外亲友。他们通常是先一个人或一家出去,等站稳脚跟后再把亲戚们办过去,并帮他们把生意做大。

青田人出国的主体是普通民众,他们普遍学历不高,初期靠"三刀一提"(菜刀、剪刀、雕刻刀,以及背着包走街串户)起家。

(三)青田石雕特种邮票

【拓展阅读】

1992年青田石雕特种邮票

1992年,国家邮电部发行《春》(周百琦作)、《高粱》(林如奎作)、《丰收》(张爱廷作)、《花好月圆》(倪东方作)石雕特种邮票一套4枚。

《春》:江南春早,金黄色的竹笋傍着枯桩破土而出,茁壮、挺拔、向上,红杜鹃偎着竹笋吐艳,鸟在丛中欢唱,生机盎然。石材特佳,天然色彩运用恰到好处,增添了奇巧之趣。刻工细润流畅,运刀之妙,鬼斧神工,堪称珍品。

《丰收》:传统题材,寓意"年年有余,吉祥如意"。造型、刀工均属上乘。人物神情生动活泼,姿态灵活优美。女孩衣带飘垂,衣褶、饰纹、发丝自然流畅,不见刀凿。主体石料洁净,色淡雅,配以紫白相间的水波垫,人伫荷塘边,鱼戏秋水,稳重而富有动感。

《高粱》:春华秋实,高粱弯腰,长叶摇曳,充满金秋气息,蛙跳蝶舞蜻蜓飞,倍添生气。构图丰满和谐,刀工细致精巧,用色极妙,籽粒青中泛黄,黄里透红,不愧为立意创新的成功之作。

《花好月圆》：玉宇明净，月出花丛，鹊栖枝头，好一幅良辰美景图。祝君花好月圆的邮票图案中，皓月似透非透，意境幽远朦胧。构图打破平衡，成"之"字形，边缘处理自然。满月光洁，不加雕饰，百花雕刻精细，繁简得当。刻工精绝，殊为难得。

延伸阅读

1．《美轮美奂的青田石雕作品以及青田石传说》，CCTV-10科教频道。

2．《〈宝玉石投资实务〉课程综合实践——黑龙江省博物馆淘宝记》，《美篇》。

3．《国宝档案·青田奇石记——漂洋过海的美石》，CCTV-4中文国际频道。

4．《探索发现青田三章》，CCTV-10科教频道。

思考与练习

一、单项选择题

1．浙江青田石因产于浙江省南部的（　　）一带而得名。
　A．云和县　　　　　B．玉环县　　　　　C．苍南县　　　　　D．青田县

2．青田石的矿物成分为（　　）。
　A．叶蜡石　　　　　B．辉晶石　　　　　C．地开石　　　　　D．石英石

3．1790年，乾隆皇帝八旬万寿节时，大臣将一套青田石刻（　　）印章敬献给他作寿礼。
　A．乾隆宸翰　　　　B．惟几惟康　　　　C．宝典福书　　　　D．惟精惟一

4．清光绪三十年（1904年），在（　　）赛会上，青田石雕获银牌奖。
　A．英国　　　　　　B．比利时　　　　　C．意大利　　　　　D．美国

5．清光绪三十一年（1905年），在（　　）赛会上获上等奖。
　A．美国　　　　　　B．意大利　　　　　C．比利时　　　　　D．英国

6．1915年在（　　）举办的巴拿马太平洋博览会上，荣获两枚银牌奖章。
　A．美国　　　　　　B．德国　　　　　　C．意大利　　　　　D．巴拿马

7．青田石以（　　）为上品，微透明而淡青，略带黄者称"封门青"。
　A．封门石　　　　　B．周村石　　　　　C．北山石　　　　　D．山炮石

8．青田石雕《丰收》是（　　）的作品。
　A．林如奎　　　　　B．倪东方　　　　　C．周百琦　　　　　D．张爱廷

9．青田石雕《高粱》是（　　）的作品。

A.倪东方   B.周百琦   C.林如奎   D.周南康

10.青田石雕《花好月圆》是(　　)的作品。

A.张爱廷   B.倪东方   C.林如奎   D.周百琦

11.青田石雕《春》是(　　)的作品。

A.周百琦   B.张爱廷   C.倪东方   D.林如奎

12.青田石是一种变质的中酸性火山岩,叫流纹岩质凝灰岩,主要矿物成分为叶蜡石,其次还有(　　)等。

A.绢云母   B.硅线石   C.绿帘石   D.石英石

二、多项选择题

1.清光绪三十年、三十一年在(　　)赛会上,青田石雕连续获得银牌奖和上等奖。

A.西班牙   B.比利时   C.意大利   D.法国

2.按照其产地,青田石可分为(　　)等。

A.封门石   B.周村石   C.北山石   D.山炮石

3.1992年,国家邮电部发行青田石雕特种邮票,其作品名称分别叫(　　)。

A.《春》   B.《高粱》   C.《丰收》   D.《花好月圆》

4.(　　)等中国工艺美术大师的作品发行青田石雕特种邮票。

A.张爱廷   B.林如奎   C.倪东方   D.周百琦

三、思考题

1.浙江青田石是中国六大正式候选"国石"之一吗?

2.青田石的矿物成分为(　　)。

3."石中君子"是(　　)。

4.青田石雕《丰收》是谁的作品?

5.青田石雕《高粱》是谁的作品?

6.青田石雕《花好月圆》是谁的作品?

7.青田石雕《春》是谁的作品?

宝玉石投资实务

教学图鉴

《人生如意》摆件，
长:23.50cm，宽:10.50cm，高:28.20cm。

《松鹤延年》摆件，青田夹板冻，
长:21.50cm，宽:5.50cm，高:28.50cm。

《呱呱来财》摆件，
长:23.00cm，宽:16.00cm，高:36.00cm。

《龙龟育宝》摆件，
长:17.80cm，宽:10.50cm，高:27.50cm。

《招财乌金》青田石方纽，
长:1.80cm，宽:1.80cm，高:8.80cm。

《国色天香》摆件，封门青，封门黄，
长:17.20cm，宽:7.50cm，高:27.50cm。

《童稚》摆件,
长:6.30cm,宽:4.00cm,高:11.80cm。

《事事如意》对章摆件,
长:2.20cm,宽:2.10cm,高:5.50cm。

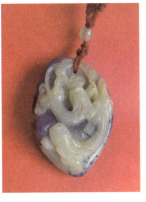

《螭龙》吊坠,蓝星,
重:40.58g。

《龙腾盛世》封门青纽,带蓝花钉,
重:72.27g。

《星罗棋布》蓝星印纽,
重:58.88g。

《繁星点点》蓝星印纽,
重:149.58g。

《开天辟地》青田石摆件,龙蛋,
长:11.00cm,宽:10.00cm,高:7.00cm。

《富贵绵长久》鱼籽冻纽,
长:3.40cm,宽:3.50cm,高:16.00cm。

封门青原石,老料。

三炮翡翠绿原石,摆件。

《红高粱》封门青、封门红摆件。

《和合二仙》封门青摆件,
长:13.80cm,宽:11.30cm,高:12.20cm。

《同心同德》青田石原石,木纹石,
长:14.00cm,宽:8.50cm,高:15.50cm。

青田石原石,龙蛋,
长:11.00cm,宽:4.50cm,高:7.50cm,
重:545.38g。

《梅花欢喜漫天雪》封门夹板冻摆件,
长:7.50cm,宽:7.50cm,高:35.00cm。

《完白山人》青田石老印章。

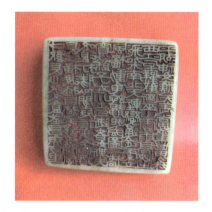

闲章,《水调歌头·游泳》青田石老印章,
方介堪篆,
长:8.00cm,宽:8.00cm,高:2.80cm,
重:486.07g。

闲章,《念奴娇·昆仑》青田石老印章,韩登安篆,
长:8.00cm,宽:7.60cm,高:4.80cm,
重:712.87g。

闲章,《水调歌头·游泳》青田石老印章,韩登安篆,
长:7.80cm,宽:7.80cm,高:2.50cm,
重:440.67g。

闲章,《七律·到韶山》青田石老印章,韩登安篆,
长:6.90cm,宽:4.80cm,高:4.80cm,
重:471.57g。

闲章,《渔家傲·第二次反"围剿"》青田石老印章,双面印,
长:7.80cm,宽:7.80cm,高:2.50cm,
重:435.97g。

闲章,《与有肝胆人共事》青田石老印章,寿石工款,
长:8.80cm,宽:7.20cm,高:7.40cm,
重:479.00g。

《十八应真》青田石摆件。
长:8.00cm,宽:2.80cm,高:16.00cm。

《金牛出水》封门青摆件,
长:15.00cm,宽:6.50cm,高:16.50cm。

闲章,《道法自然》青田封门青老印章,
长:2.60cm,宽:2.60cm,高:16.00cm。

杨丽萍自用印,青田石,封门三彩,
长:1.80cm,宽:1.80cm,高:4.20cm。

《枯木逢春》青田石摆件,
长:15.50cm,宽:5.00cm,高:18.50cm。

《龙行天下》龙蛋摆件,高浮雕,
长:30.00cm,宽:23.00cm,高:40.00cm,
重:59.00kg。

《幽香入梦》青田石摆件,龙蛋,
长:21.00cm,宽:15.00cm,高:12.80cm,
重:16.50kg。

《鱼脑冻》青田石方纽,
长:3.00cm,宽:3.00cm,高:16.30cm,
重:406.88g。

《寿》字方纽，青田石，艾叶绿，
长:3.00cm，宽:3.00cm，高:16.30cm，
重:406.88g。

《双龙戏珠》青田石方纽，艾叶绿，
长:7.00cm，宽:7.00cm，高:7.80cm，
重:790.28g。

闲章，《品在竹间》组合套纽，青田石，艾叶绿，
长:6.00cm，宽:6.00cm，高:6.00cm，
重:524.87g。

《高峰独秀》青田石摆件，蓝星，薄意雕，圆雕，
长:21.00cm，宽:15.00cm，高:27.80cm。

《孔雀开屏》青田石摆件，龙蛋，高浮雕，薄意雕，圆雕，
长:22.00cm，宽:12.00cm，高:25.00cm。

龙蛋原石，
长:16.00cm，宽:12.00cm，高:8.00cm。

《美》青田石摆件,龙蛋,薄意雕,
长:22.00cm,宽:13.00cm,高:25.00cm。

《十八罗汉之一·坐鹿罗汉》青田石摆件,龙蛋,高浮雕,圆雕,
长:15.00cm,宽:12.00cm,高:26.00cm。

《十八罗汉之二·欢喜罗汉》青田石摆件,龙蛋,高浮雕,圆雕,
长:15.00cm,宽:12.00cm,高:26.00cm。

《十八罗汉之三·举钵罗汉》青田石摆件,龙蛋,高浮雕,圆雕,
长:15.00cm,宽:12.00cm,高:26.00cm。

《十八罗汉之四·托塔罗汉》青田石摆件,龙蛋,高浮雕,圆雕,
长:15.00cm,宽:12.00cm,高:26.00cm。

《十八罗汉之五·静坐罗汉》青田石摆件,龙蛋,高浮雕,圆雕,
长:15.00cm,宽:12.00cm,高:26.00cm。

《十八罗汉之六·过江罗汉》青田石摆件，龙蛋，高浮雕，圆雕，
长:15.00cm，宽:12.00cm，高:26.00cm。

《十八罗汉之七·骑象罗汉》青田石摆件，龙蛋，高浮雕，圆雕，
长:15.00cm，宽:12.00cm，高:26.00cm。

《十八罗汉之八·笑狮罗汉》青田石摆件，龙蛋，高浮雕，圆雕，
长:15.00cm，宽:12.00cm，高:26.00cm。

《十八罗汉之九·开心罗汉》青田石摆件，龙蛋，高浮雕，圆雕，
长:15.00cm，宽:12.00cm，高:26.00cm。

《十八罗汉之十·探手罗汉》青田石摆件，龙蛋，高浮雕，圆雕，
长:15.00cm，宽:12.00cm，高:26.00cm。

《十八罗汉之十一·沉思罗汉》青田石摆件，龙蛋，高浮雕，圆雕，
长:15.00cm，宽:12.00cm，高:26.00cm。

《十八罗汉之十二·挖耳罗汉》青田石摆件，龙蛋，高浮雕，圆雕，
长:15.00cm，宽:12.00cm，高:26.00cm。

《十八罗汉之十三·布袋罗汉》青田石摆件，龙蛋，高浮雕，圆雕，
长:15.00cm，宽:12.00cm，高:26.00cm。

《十八罗汉之十四·芭蕉罗汉》青田石摆件，龙蛋，高浮雕，圆雕，
长:15.00cm，宽:12.00cm，高:26.00cm。

《十八罗汉之十五·长眉罗汉》青田石摆件，龙蛋，高浮雕，圆雕，
长:15.00cm，宽:12.00cm，高:26.00cm。

《十八罗汉之十六·看门罗汉》青田石摆件，龙蛋，高浮雕，圆雕，
长:15.00cm，宽:12.00cm，高:26.00cm。

《十八罗汉之十七·降龙罗汉》青田石摆件，龙蛋，高浮雕，圆雕，
长:15.00cm，宽:12.00cm，高:26.00cm。

《十八罗汉之十八·伏虎罗汉》青田石摆件，龙蛋，高浮雕，圆雕，
长：15.00cm，宽：12.00cm，高：26.00cm。

《一品青莲》青田石摆件，封门三彩，高浮雕，圆雕，
长：33.00cm，宽：16.00cm，高：36.00cm。

《潺潺流水》青田石印纽，封门水草花，
长：7.80cm，宽：7.80cm，高：18.00cm。

《鱼籽冻》青田石方纽，
长：3.90cm，宽：3.90cm，高：17.20cm，
重：684.78g。

《鱼籽冻》青田石方纽，
长：3.90cm，宽：3.90cm，高：12.80cm，
重：506.98g。

《树枝冻》青田石方纽，
长：4.80cm，宽：4.60cm，高：14.30cm，
重：928.98g。

《十八罗汉之一·坐鹿罗汉》青田石摆件，龙蛋，高浮雕，圆雕，
长:12.00cm，宽:8.00cm，高:21.00cm。

《十八罗汉之二·欢喜罗汉》青田石摆件，龙蛋，高浮雕，圆雕，
长:12.00cm，宽:8.00cm，高:21.00cm。

《十八罗汉之三·举钵罗汉》青田石摆件，龙蛋，高浮雕，圆雕，
长:12.00cm，宽:8.00cm，高:21.00cm。

《十八罗汉之四·托塔罗汉》青田石摆件，龙蛋，高浮雕，圆雕，
长:12.00cm，宽:8.00cm，高:21.00cm。

《十八罗汉之五·静坐罗汉》青田石摆件，龙蛋，高浮雕，圆雕，
长:12.00cm，宽:8.00cm，高:21.00cm。

《十八罗汉之六·过江罗汉》青田石摆件，龙蛋，高浮雕，圆雕，
长:12.00cm，宽:8.00cm，高:21.00cm。

《十八罗汉之七·骑象罗汉》青田石摆件，龙蛋，高浮雕，圆雕，
长：12.00cm，宽：8.00cm，高：21.00cm。

《十八罗汉之八·笑狮罗汉》青田石摆件，龙蛋，高浮雕，圆雕，
长：12.00cm，宽：8.00cm，高：21.00cm。

《十八罗汉之九·开心罗汉》青田石摆件，龙蛋，高浮雕，圆雕，
长：12.00cm，宽：8.00cm，高：21.00cm。

《十八罗汉之十·探手罗汉》青田石摆件，龙蛋，高浮雕，圆雕，
长：12.00cm，宽：8.00cm，高：21.00cm。

《十八罗汉之十一·沉思罗汉》青田石摆件，龙蛋，高浮雕，圆雕，
长：12.00cm，宽：8.00cm，高：21.00cm。

《十八罗汉之十二·挖耳罗汉》青田石摆件，龙蛋，高浮雕，圆雕，
长：12.00cm，宽：8.00cm，高：21.00cm。

《十八罗汉之十三·布袋罗汉》青田石摆件，龙蛋，高浮雕，圆雕，
长:12.00cm，宽:8.00cm，高:21.00cm。

《十八罗汉之十四·芭蕉罗汉》青田石摆件，龙蛋，高浮雕，圆雕，
长:12.00cm，宽:8.00cm，高:21.00cm。

《十八罗汉之十五·长眉罗汉》青田石摆件，龙蛋，高浮雕，圆雕，
长:12.00cm，宽:8.00cm，高:21.00cm。

《十八罗汉之十六·看门罗汉》青田石摆件，龙蛋，高浮雕，圆雕，
长:12.00cm，宽:8.00cm，高:21.00cm。

《十八罗汉之十七·降龙罗汉》青田石摆件，龙蛋，高浮雕，圆雕，
长:12.00cm，宽:8.00cm，高:21.00cm。

《十八罗汉之十八·伏虎罗汉》青田石摆件，龙蛋，高浮雕，圆雕，
长:12.00cm，宽:8.00cm，高:21.00cm。

模块六 岫玉

一、岫玉的产地

岫玉是中华宝玉石大家族中的重要成员,是最早被发现和使用的玉种,且为历代所重视,堪称"古玉之光,万年瑰宝"。岫岩玉简称岫玉,因产于辽宁省岫岩县而得名。

我国还有如下品种与辽宁岫玉同属蛇纹石质玉石:

(1)南方岫玉:简称"南方玉",产于广东信宜,故又称"信宜玉",颜色为暗绿到绿色,透明度低,蜡质感重,为较低档的玉雕原料,一般用来制作大型玉雕摆件等。

(2)祁连玉:又称"酒泉玉"和"酒泉岫玉",颜色为黑绿色,内含黑色斑点和团块,呈条带状,半透明,质量较差。

(3)昆仑玉:又称"昆仑岫玉",玉质与辽宁岫玉相似,但透明度较差,产于新疆昆仑山麓。

(4)京黄玉:又称"京黄岫玉",颜色为淡黄到黄色,产于北京十三陵老军堂。

(5)莒南玉:又称"莒南岫玉",颜色呈墨绿色,产于山东莒南县。

(一)中国最早的玉制品

中国最早的玉制品是由岫玉制成的。早在旧石器时代晚期,人类就发现并开始利用岫玉。

1983年,在辽宁海城小孤山仙人洞的古人类洞穴遗址中出土的三件软玉砍砸器,其制作材料即为仅一岭之隔的岫岩细玉沟的岫玉,距今12000年以上,这是目前为止我国发现的唯一的旧石器时代的玉制工具,也是最早的玉制品,可谓"中华第一玉"。

在内蒙古兴隆洼文化遗址和辽宁阜新查海文化遗址中出土的玉玦和玉匕,距今约8300年至7000年。经鉴定,它们都是用岫玉制成的,其中的玉玦是我国目前发现的最早的玉饰品,被誉为"世界第一玉"。

在岫玉的认识和开发利用上,中国有着悠久的历史,如在距今约7200年至6800年的辽宁沈阳新乐文化遗址中就出土了用岫玉制作的刻刀。在新石器文化遗址中,出土玉器最丰富、玉器制作成就最高的要数红山文化,距今约6000年至5000年。

在红山文化遗址中,出土了玉龙、玉猪龙、玉蝉、勾云形器、马蹄形器等多种有着特殊代表意义的玉器,这些玉器都是由岫玉制作而成的。其中内蒙古翁牛特旗三星他拉村出土的大型玉龙,高26cm,用整块碧绿岫玉圆雕而成,造型奇特,雕琢精细,且运用了抛光技术,被誉为"中华第一玉龙"。它是迄今所知中国最早的龙的形象,把中国龙的起源提早到5000多年前的新石器时代。在距今2000年的河北满城汉墓中,出土了西汉中山靖王及王后窦绾的两套金缕玉衣,轰动世界,被称为"中国古代的艺术瑰宝"。经专家鉴定,金缕玉衣所用玉片,也是用岫玉制作的。

> 【拓展阅读】
>
> **访千山　赏岫玉《远方的家》**
>
> 　　来到玉佛苑,探访了世界上最大的一尊用玉石雕成的佛像;走进岫岩县,近距离接触岫岩玉,了解到重达 6 万吨的玉石巨体是怎样被发现的。

(二)世界上最大的玉制品

天下之美玉为先,玉中极品出岫岩。从中国最早的玉制品,到世界上最大的玉制品,从原始文化阶段雕刻水平最高的玉器,到当代被誉为国宝的玉雕精品,几乎都出自岫岩玉,其质地细腻温润,堪称"天地之灵,华夏奇珍"。

岫岩玉雕工艺精湛,不乏精品,更有神品、妙品,展示了玲珑剔透之美和妙造自然、气韵生动之神,可谓"大师之作,神工天巧"。

1960 年 7 月,岫岩县玉石矿发现了重 260.76 吨的玉石王。玉体璀璨、晶莹,色彩斑斓,称得上稀世珍宝。

1992 年,玉石王被运到鞍山,雕琢成世界最大的玉佛。其正面是顶天坐莲的释迦牟尼大佛,背面是普度众生、大慈大悲的渡海观音,每天吸引众多的中外游客前来观赏。

1999 年,为庆祝澳门回归,辽宁省人民政府向澳门特别行政区政府赠送了岫玉珍品《九九月圆图》,向世界展示了岫岩老玉的风采。

《孔庙·孔子生平》玉雕是中国民间工艺美术大师吴时德先生用 10 吨岫玉精料,花费 4.5 万个工时而完成的玉雕杰作。它气势恢宏,雕刻了 300 多个画面,2000 多个人物,价值 1.285 亿元,是当今世界上最大的玉雕作品。

巨型玉雕《孔庙·孔子生平》被上海大世界吉尼斯组织评为大世界吉尼斯之最。专家认为玉雕孔庙是"前无古人,后无来者"的传世杰作。

玉王争辉,誉满天下。让中华民族引以为傲的是,继 260.76 吨玉石王之后,1997 年,岫岩玉石矿又发现了新的玉石大王"巨型玉体",初步测算,比第一次发现的玉石王重 200 倍,约 6 万吨。

二、满乡岫玉——古玉之光,万年瑰宝

红山文化发源地,辽东满乡岫岩玉。

经地质勘测,岫岩矿区的玉石总储量为 300 多万吨,为全国之首,在全世界名列前

茅。岫岩已成为中国玉石的主要产地,国内玉雕原料有七成以上来自岫岩。岫岩玉石简称"岫玉",国际上也称为"新山玉","满族之乡"岫岩被誉为"中国的玉石之乡",2006年被命名为"中国玉都"。

(一)岫玉与红山文化、良渚文化

红山文化、良渚文化中就发现有由岫玉制作而成的玉器,说明岫玉的应用历史悠久。

红山文化的发现,使西拉沐沦河流域与黄河流域、长江流域并列为中华文明的三大源头。这是极具历史意义和研究价值的。

在距今6000年至8000年前的红山和前红山文化中岫岩玉已广为流传。作为中国玉石文化的重要分支——红山和前红山文化具有重要的历史价值,它与良渚文化并列为中国古代两大玉文化中心。

(二)岫玉的收藏价值

【拓展阅读】

"不差钱"的人其实最"差钱"

"不差钱"的人其实最"差钱"。对于这个观点,我早已有之。

曾有朋友向我借钱,说是用来投资,等催他还钱时,翻脸比翻书还快,最后实在没办法,拿了一块和田玉貔貅(《金蟾》辽宁岫玉摆件)来抵账,结果一看,是辽宁岫玉,再去理论,他却说"上百万元买来的还抵不了你那30万元?"不过有东西拿回来已经是好的了,有的"大款"将钱借去,根本不准备还,你能怎么办?

一个民营企业老板,他的企业在当地有相当规模,在资金短缺时,他变着法子、天花乱坠地鼓吹其企业的投资前景,引诱我们"入股",当他认为不需要我们时,则又软磨硬泡、想方设法地要求我们低价"退股"。为了利益,不顾友情、亲情,违背原有的承诺,没有"仁"没有"义",他们就"差钱"了吗?我在一个集团公司任职时,一年内仅中层以上干部就有30多人离职,他们无一例外地"兴致勃勃进来、吵吵闹闹出去"。

我甚是疑虑,对于这些当初公司甚为器重的职业人,我们一个集团公司就"差钱"了吗?农民工"讨薪难",难道真的就是那些老板"差钱"了吗?

我曾经对几个学生讲,你们的老板豁达对你们而言就是幸福的、幸运的,老板赚大钱,你们赚小钱。

《金蟾》辽宁岫玉摆件

延伸阅读

1.《乡土·玉都寻宝》,CCTV-7 国防军事频道。
2.《世界上最早的耳环是由岫岩玉制作而成》,CCTV-10 科教频道。
3.《这场研讨会带你"玉"见文明》,CCTV-4 中文国际频道。
4.《访千山 赏岫玉〈远方的家〉》,CCTV-4 中文国际频道。

思考与练习

一、单项选择题

1.岫岩玉简称岫玉,因产自(　　)而得名。
　A.浙江省青田县　　　　　　　　B.辽宁省岫岩县
　C.福建省连江县　　　　　　　　D.安徽省庐江县

2.(　　)是中华宝玉石大家族中的重要成员,是最早被发现和使用的玉种。
　A.和田玉　　　B.独山玉　　　C.华安玉　　　D.岫岩玉

3.岫玉的主要矿物是(　　)。成分中常含有二价铁、三价铁,还混有锰、铝、镍、钴等杂质。
　A.蛇纹石　　　B.叶蜡石　　　C.地开石　　　D.辉晶石

4.中国最早的玉制品是由(　　)制成的。
　A.岫岩玉　　　B.独山玉　　　C.华安玉　　　D.和田玉

5.中国最大的玉制品是由(　　)制成的。
　A.和田玉　　　B.独山玉　　　C.岫岩玉　　　D.华安玉

6.早在( )时代晚期,人类就发现并开始利用岫玉。
   A.春秋　　　　　　B.战国　　　　　　C.新石器　　　　　　D.旧石器
7.1983年,在辽宁海城小孤山仙人洞的古人类洞穴遗址中出土的三件软玉砍砸器,是目前为止我国发现的唯一的( )时代的玉制工具,也是最早的玉制品,可谓"中华第一玉"。
   A.旧石器　　　　　　B.新石器　　　　　　C.春秋　　　　　　D.战国
8.在内蒙古兴隆洼文化遗址中出土的玉玦距今约8300年,是我国目前发现的最早的玉饰品,被誉为( )。
   A."中华第一玉"　　　　　　　　　　B."中华第一玉龙"
   C."世界第一玉"　　　　　　　　　　D."中国古代的艺术瑰宝"
9.在新石器文化遗址中,出土玉器最丰富、玉器制作成就最高的要数( ),距今约6000年至5000年。
   A.殷墟文化　　　　　　B.红山文化　　　　　　C.河姆渡文化　　　　　　D.良渚文化
10.内蒙古翁牛特旗三星他拉村出土的大型玉龙,高26cm,用整块碧绿岫玉( )而成,充分说明了我国古代劳动人民已经掌握了高超的雕刻技艺。
    A.浮雕　　　　　　B.钮雕　　　　　　C.镂雕派　　　　　　D.圆雕
11.迄今所知中国最早的龙的形象,就是( ),它把中国龙的起源提早到5000多年前的新石器时代。
    A.玉龙　　　　　　　　　　　　　　B.玉猪龙
    C.中华第一玉龙　　　　　　　　　　D.中华第一坐龙
12.在距今2000年的河北满城汉墓中,出土了西汉中山靖王及王后窦绾的两套金缕玉衣,经专家鉴定,金缕玉衣所用玉片,也是用( )制作的。
    A.独山玉　　　　　　B.岫岩玉　　　　　　C.华安玉　　　　　　D.和田玉
13.1960年7月,岫岩县玉石矿发现了重为260.76吨的玉石王。1992年,玉石王被运到鞍山,雕琢成( )的玉佛。
    A.辽宁最大　　　　　　B.中国最大　　　　　　C.亚洲最大　　　　　　D.世界最大
14.龙是中华民族的图腾,龙文化深深植根于中华民族社会生活之中。6000年前的中华龙文化说穿了其实就是( )。
    A.生殖崇拜　　　　　　B.太阳神崇拜　　　　　　C.月亮神崇拜　　　　　　D.自然力崇拜
15.辽宁省岫岩县,2006年被国务院命名为( )。
    A.满族之乡　　　　　　B.中国龙都　　　　　　C.玉石之乡　　　　　　D.中国玉都

二、多项选择题
1.同属蛇纹石质玉石,除辽宁省岫岩玉外,我国还有( )。
   A.南方岫玉　　　　　　B.祁连玉　　　　　　C.京黄玉　　　　　　D.莒南玉
2.有着许多美誉的古代玉雕艺术品,例如( )等,其实都是用岫玉制成的。

A."中华第一玉" B."中华第一玉龙"
C."世界第一玉" D."中国古代的艺术瑰宝"

3.红山文化遗址中,出土了( )等多种有着特殊代表意义的玉器,这些玉器都是用岫玉制作而成的。

A.玉龙、玉猪龙 B.玉蝉 C.勾云形器 D.马蹄形器

4.岫玉在( )玉器中均有发现,说明其应用历史悠久。

A.殷墟文化 B.红山文化 C.河姆渡文化 D.良渚文化

5.( )并列成为中国古代两大玉文化中心。

A.良渚文化 B.河姆渡文化 C.红山文化 D.周口店文化

6.红山文化的发现,使( )成为中华文明的源头,把原来的中华文明史向前推进了2000多年。

A.黄河流域 B.西拉沐沦河流域 C.玉龙喀什河流域 D.长江流域

三、思考题

1.中国最早的玉制品已经有多少年了?
2.红山文化与良渚文化都出现了什么玉?
3.岫岩被誉为"中国的玉石之乡",2006年被命名为什么?
4.辽宁鞍山玉佛苑中的"世界最大玉佛"是用什么材料制成的?
5.岫玉就是出产在辽宁省岫岩县的玉石吗?

宝玉石投资实务

教学图鉴

《十二生肖·鼠》摆件，岫玉，
长:16.00cm，宽:16.60cm，高:37.00cm。

《十二生肖·牛》摆件，岫玉，
长:16.00cm，宽:16.60cm，高:37.00cm。

《十二生肖·虎》摆件，岫玉，
长:16.00cm，宽:16.60cm，高:37.00cm。

《十二生肖·兔》摆件，岫玉，
长:16.00cm，宽:16.60cm，高:37.00cm。

《十二生肖·龙》摆件，岫玉，
长:16.00cm，宽:16.60cm，高:37.00cm。

《十二生肖·蛇》摆件，岫玉，
长:16.00cm，宽:16.60cm，高:37.00cm。

《十二生肖·马》摆件，岫玉，
长：16.00cm，宽：16.60cm，高：37.00cm。

《十二生肖·羊》摆件，岫玉，
长：16.00cm，宽：16.60cm，高：37.00cm。

《十二生肖·猴》摆件，岫玉，
长：16.00cm，宽：16.60cm，高：37.00cm。

《十二生肖·鸡》摆件，岫玉，
长：16.00cm，宽：16.60cm，高：37.00cm。

《十二生肖·狗》摆件，岫玉，
长：16.00cm，宽：16.60cm，高：37.00cm。

《十二生肖·猪》摆件，岫玉，
长：16.00cm，宽：16.60cm，高：37.00cm。

模块七　和田玉

一、和田玉的产地

和田玉在我国有7000多年的历史,是我国玉文化的主体。

和田玉有狭义和广义之分。新疆和田玉因主要产于新疆和田地区而得名,其狭义范畴特指新疆和田地区生产的玉石,以和田籽料为代表闻名于世。广义的和田玉指具有新疆和田玉成分或者特征的其他玉石。

(一) 和田玉的历史

历史上和田玉因产于昆仑山被称为"昆山之玉",以后又因位于于田境内而被称为"于田玉"。乾隆皇帝有《和阗玉》云:"和阗昔于阗,出玉素所称。不知何以出,今乃悉情形。"接着又说:"石蕴山含辉,耳食传书生。其实产于水,在石亦浪名。未治斯为璞,卞和识其精……"乾隆皇帝不愧是个"玉痴皇帝"。

清光绪九年(1883年),清政府设立和田直隶州,"于田玉"被正式命名为"和田玉"。

和田玉,属镁质大理岩与中酸性岩浆岩接触而形成的变质岩。

和田玉质地细腻,光洁滋润,颜色均匀,柔和如脂,具有一种特殊的光泽,介于玻璃光泽、油脂光泽、蜡状光泽之间。它"体如凝脂,精光内蕴,质厚温润,脉理紧密,声音洪亮",在传统玉石中首屈一指。

(二) 和田玉的品种

白玉:颜色洁白,细腻,滋润,微透明,宛如羊脂者称羊脂白玉;不透明,光泽较差者为白玉。

青玉和青白玉:色呈深灰绿至蓝绿色,不透明;青白玉是青玉与白玉之间的过渡类型,呈灰绿色。

碧玉:深绿色(菠菜绿色),质地较粗。碧玉除新疆生产外,很大的产量其实来自俄罗斯。

墨玉:因含分散的碳质或石墨而呈灰黑色或灰黑与白色相间的条带状。如果完全是黑色的,称墨玉。

黄玉:是地表水中的褐铁矿物质渗入白玉中造成的,呈米黄至黄色。

糖玉:因次生作用形成的,受氧化铁、氧化锰浸染,呈红褐色、黄褐色、黑褐色等颜色,糖色部分占整体样品85%以上的定名为糖玉。

【拓展阅读】

马年趣谈"马上体"

2014年为农历甲午年,也就是通常说的农历马年,生肖属马,因此,"马上有钱""马上有房"等祝福语铺天盖地而来,而且什么都可以"马上"有,网络上甚至有人在马背上PS头大象,意思是"马上有对象",不一而足。

这种美好祝愿大家不仅乐意接收,而且在广泛输出。其实,用谐音来寄托美好祝愿的"马上体"早在明清时期就有,而"马上体"的鼻祖则是"马上封侯(猴)"。

马上封侯:由猴子、骏马组图。"猴""侯"同音,一语双关。我国古代分五等贵族爵位,据《礼记·王制》载:"王者制禄爵,公侯伯子男凡五等。"侯爵为五等爵位的第二等,仅次于公,指高官厚禄,这里泛指达官权贵。猴子骑于马上,"马上"为立刻之意,封侯指被封为侯爵,寓意功名指日可待。

此类造型的艺术品屡见不鲜,如书画、木雕、竹雕、石雕、玉器、瓷器、金银铜器均可体现。

笔者收藏了两件和田玉《马上封侯(猴)》把件。一为《马上封侯(猴)》和田玉籽料(左图),重175.60g,高大的马背上骑着一只猴子。

《马上封侯(猴)》和田玉籽粒

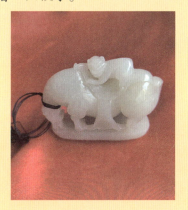

《马上封侯(猴)》和田玉籽料

此把件(左图)颜色为一级白,油性佳,致密细腻,为上等的和田玉籽料。雕刻者充分利用新疆和田玉颜色匀净、质地细腻的特点,采取巧色雕琢,图案则用卧马的形式,更显马之通"人性",马背上骑着一只猴子,画面充满生活情趣。作品构图严谨、刀法细腻、造型准确、线条流畅,以圆雕为主,把马儿刻画得栩栩如生,马儿翘首回望其背上的猴子,好一副温情脉脉的样子。

> 另一也是《马上封侯(猴)》和田玉籽粒(右图),重68.00g。差不多的道理,马上封侯(猴)比喻事业有成。

(三)"籽料"羊脂白玉

"羊脂白玉"可谓和田玉的最高等级。羊脂白玉光洁细腻,白如凝脂,柔滑滋润,给人以亲切温和的美感。《礼记·聘义》云:"孔子曰:夫昔者君子比德于玉焉,温润而泽。"古代的君子用玉比喻美德,由此可知美玉在人们心目中地位之高。

就世界范围来说,我国新疆出产的羊脂白玉最为出名,产量稀少,价格昂贵。目前市场上和田玉种类繁多,品质良莠不齐,价格杂乱。千种玛瑙万种玉,投资者须谨慎对待。

二、新疆和田玉——曾经璀璨今又流芳

爱美之心人皆有之,美玉,人人喜爱。自古以来,上至皇亲国戚,下至平民百姓,普遍都喜欢美玉。前面说过,乾隆皇帝最为喜欢和田玉,号称"玉痴皇帝"。清朝时,朝廷在京城还专门设立了两个玉器造办处,专门督办为朝廷制作的大量玉器。

乾隆年间,和田玉器制造达到高峰,雕琢工艺也是精益求精。就雕琢工艺而言,分为阳刻、阴刻、镂雕、浮雕、圆雕、俏色等多种,还不断吸收外来的雕刻技艺,特别是吸纳了西亚波斯的"痕都斯坦玉雕"技艺,把中国古代的玉器雕刻工艺水平提升到一个新的高度。这一方面显示了乾隆皇帝对玉器的喜爱,另一方面也展现了玉雕工艺鲜明的时代特征、较高的艺术造诣。

中国现代著名玉石研究专家、故宫博物院研究员张广文对新疆和田玉器青睐有加,他说:"故宫收藏的玉器以和田玉为玉材的占90%以上,比较有名的有大禹治水玉山、桐荫仕女图、会昌九老等作品。从乾隆题诗到档案记载都显示,和田玉是宫廷玉料的主要来源。"

其实不仅仅是乾隆,历史上喜欢玉、爱玉的达官贵人、文人墨客和普通民众甚多。改革开放40余年来,随着人民生活水平的提高,喜欢和收藏和田玉的人大为增加。和田玉的价格也暴涨,值得注意的是,和田玉的价格走向基本上代表了"珠宝"的价格走向。

【拓展阅读】

和田玉拍卖价格迭创新高

（1）500万元定锤，克价1.1万元。2017年12月17日，由江苏友谊文化产业有限公司和无锡广润拍卖有限公司联合主办的2017友谊广润秋季艺术品拍卖会在无锡友谊文化园二楼如期举行。其中，和田玉籽料玉雕作品《赤子乾坤》经过近40轮的竞价，最后被一位神秘女士用485万元价格拍下，加上佣金，这件作品实际超过500万元。这件作品总重445克，折算下来已经达到每克价过1.1万元了，开创了2017年和田玉拍卖的又一新纪录。

（2）2018年第一枚天价和田玉诞生：价值70万元，每克价高达12.8万元。5.5克和田玉拍卖成交价70万元，每克价高达12.8万元，这块玉让人惊艳的是它的正面，隐约可见一个"佛"字和一片叶子，因而就有了一个形象的名字"一夜成佛"。

（3）2018年天价和田玉：和田玉天狗。10克和田玉小籽《天狗》，2018年11月24日在北京以1100万元落锤，刷新克价110万元新高度。

（一）从"白玉无瑕"到"籽料去皮神仙不认账"

说到"羊脂白玉"，就要说中国的玉文化史，中国的玉文化经历了从"白玉无瑕"到"籽料去皮神仙不认账"的阶段，这里就涉及"籽料"和"山料"的概念，而要弄清楚"籽料"和"山料"的区别，则须先了解"石头"和"岩石"的差异。

（二）东方艺术——舞动的北京

大家都知道，2008年北京奥运会会徽——中国印·舞动的北京，是用和田玉制成的，第八任国际奥委会主席罗格也有一枚用和田玉制作的"中国印"。2010年，上海举办中国世博会，许多国家，如俄罗斯、韩国、加拿大、伊朗、新西兰等，都带来了本国出产的玉石，看着这些玉石，真正让人有了"神仙难断寸玉"之感。

【拓展阅读】

习近平不亲自"爆料"，你可能还不知道这个细节

习近平说，中国人将美好的姻缘称为"金玉良缘"。2008年北京奥运会金牌就是用智利金和中国玉制作而成的。这一枚枚奖牌象征着中智两国人民情同手足的缘分。另外，习近平还提到，在2010年那场举世瞩目的智利矿难救援行动中，中国机械设备制造企业积极参与，为营救33名矿工作出了贡献。后来，这一事件还被拍成电影，就是大家所熟悉的《地心营救》。

> **延伸阅读**
>
> 1.《国家地理·玉石之路》,CCTV.COM 央视国际。
> 2.《文化百科·和田玉》,CCTV-3 综艺频道。
> 3.《农广天地·和田玉》,CCTV-7 国防军事频道。
> 4.《经济半小时·一块玉石 12 万 新疆和田玉价格飞涨引发疯狂采挖》,中央电视台。
> 5.《和田玉与清代宫廷玉器》,故宫博物院。
> 6.《走遍中国·金玉良缘》,CCTV 节目官网。
> 7.《新疆和田玉遭遇投资狂热调查:十年涨价千倍》,CCTV.COM 央视国际。

思考与练习

一、单项选择题

1.和田玉在我国有(　　)多年的历史,是我国玉文化的主体。
  A.5000　　　　　　B.6000　　　　　　C.7000　　　　　　D.8000
2.狭义概念的和田玉特指新疆(　　)出产的玉石,以和田籽料为代表闻名于世。
  A.和田地区　　　　B.天山地区　　　　C.昆仑山地区　　　D.玛纳斯地区
3.(　　)自古以来是和田出产玉的主要河流。
  A.玉龙喀什河　　　B.西拉沐沧河　　　C.喀拉喀什河　　　D.和田河
4.2008 年北京奥运会会徽——中国印·舞动的北京,是用(　　)精心雕刻而成的。
  A.蓝田玉　　　　　B.独山玉　　　　　C.岫岩玉　　　　　D.和田玉
5.据史书记载,古代皇帝之中(　　)皇帝最为喜欢和田玉。
  A.康熙　　　　　　B.乾隆　　　　　　C.嘉庆　　　　　　D.雍正
6.故宫收藏的玉器以和田玉为玉材的占(　　)以上,比较有名的有大禹治水玉山、桐荫仕女图、会昌九老等作品。
  A.60%　　　　　　B.70%　　　　　　C.80%　　　　　　D.90%
7.两方"北京奥运会徽徽宝",一方珍藏在中国国家博物馆,另一方由(　　)永久珍藏。
  A.奥林匹克博物馆　　　　　　　　　　B.德国森根堡自然博物馆
  C.纽约大都会博物馆　　　　　　　　　D.伦敦大英博物馆
8.南北朝时期梁朝散骑侍郎、给事中周兴嗣编纂《千字文》有"金生丽水,玉出昆冈"之说。昆冈玉指的就是(　　)。
  A.独山玉　　　　　B.蓝田玉　　　　　C.和田玉　　　　　D.岫岩玉
9.第八任国际奥委会主席罗格也有一枚"中国印",是用(　　)精心雕刻而成的。

A.岫岩玉　　　　　　B.和田玉　　　　　　C.华安玉　　　　　　D.独山玉

二、多项选择题

1. 2016年11月访问智利前夕,习近平主席在智利《信使报》上发表署名文章《共同开创中国和智利关系更加美好的未来》,讲述了"金玉良缘"的故事,很浪漫:2008年北京奥运会金牌就是用(　　)制作而成的。

   A.智利金　　　　　　B.中国玉　　　　　　C.智利玉　　　　　　D.中国金

2. 历史上,和田玉曾经被称为(　　),以后又因位于于田境内而被称为(　　)。直到清光绪九年(1883年)设立和田直隶州时,才被正式命名为"和田玉"。

   A.蓝田玉　　　　　　B.独山玉　　　　　　C.昆山之玉　　　　　D.于田玉

3. 故宫收藏的玉器以和田玉为玉材的占90%以上,比较有名的有(　　)等作品。

   A.大禹治水玉山　　　B.宝典福书　　　　　C.桐荫仕女图　　　　D.会昌九老

4. 传统上,和田玉可以分为(　　)等。

   A.白玉　　　　　　　B.墨玉　　　　　　　C.青玉和青白玉　　　D.碧玉

5. 中国的玉文化其实经历了从"白玉无瑕"到"籽料去皮神仙不认账"的阶段,是说白玉鉴定过程中的(　　)。

   A.去皮　　　　　　　B.微雕　　　　　　　C.留皮　　　　　　　D.圆雕

三、思考题

1. 传统上,和田玉可以分为哪几类?
2. 2008年北京奥运会会徽"中国印"是用什么材料雕刻的?
3. 和田玉中要数什么玉最好?
4. 哪位皇帝对和田玉情有独钟?
5. 故宫收藏的玉器以什么玉材为主?
6. 习近平主席说的"金玉良缘"是怎么回事?

宝玉石投资实务

教学图鉴

《五子登科》插屏，和田玉，
内框长:24.30cm，内框宽:24.30cm。

《凤穿牡丹》插屏，和田玉，
框高:20.00cm，框宽:13.80cm。

《深山访友》插屏，和田玉，糖玉，
框高:25.20cm，框宽:15.30cm。

《如意》，和田玉，
长:50.60cm，宽:15.00cm。

《如意》，和田玉，
长:49.00cm，宽:10.50cm。

《送子观音》摆件，和田玉，
长:13.00cm，宽:5.50cm，高:23.50cm。

《和田玉》手镯，和田玉，
圈口:56.05mm，重:91.17g。

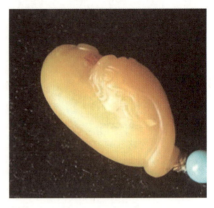

《财源广进》回头貔貅吊坠（左回头发财，右回头升迁），和田玉籽料，黄沁，
重:14.94g。

《福在眼前》和田玉挂件，和田玉籽料，红皮，
重:43.73g。

《旺财》生肖狗吊坠，和田玉籽料，脂白，红皮，
重:49.71g。

《年年有余》富贵鱼吊坠，和田玉籽料，黄沁，
重:10.95g。

《母仪天下》观音摆件，和田玉籽料，脂白，
重:201.56g。

《水月观音》吊坠，和田玉籽料，黄沁，独籽，红皮，
重:20.30g。

《带子上朝》扳指，和田玉籽料，独籽，红皮，
重:60.80g。

《富甲一方》吊坠，红皮，
重:18.43g。

《水月观音》摆件，和田玉籽料，
长:12.50cm，宽:7.50cm，高:29.00cm，
重:5.04kg。

《送子观音》摆件，和田玉籽料，
长:11.20cm，宽:6.50cm，高:28.00cm，
重:4.44kg。

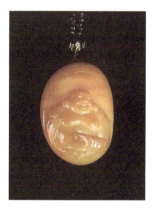

《笑口常开》弥勒佛吊坠，和田玉籽料，黄沁，独籽，红皮，
重:44.80g。

《事业有成》富甲一方吊坠,和田玉籽料,红皮,满皮,
重:6.526g。

《忠义千秋》关公吊坠,和田玉籽料,黄沁,独籽,
重:138.43g。

《年年有余》手镯,和田玉籽料,脂白,秋梨皮,
圈口:57.50mm。

《财福双至》福在眼前手镯,和田玉籽料,脂白,
重:74.65g,圈口:55.20mm。

《呈凤观音》花开富贵吊坠,和田玉籽料,脂白,独籽,
重:48.80g。

《抓住机遇》吊坠,和田玉籽料,脂白,秋梨皮,俏色巧雕,
重:18.55g。

《蝴蝶自来》吊坠,和田玉籽料,脂白,秋梨皮,俏色巧雕,
重:30.95g。

《蝴蝶自来》吊坠,和田玉籽料,脂白,秋梨皮,红皮,
重:37.15g。

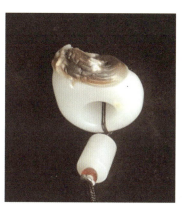

《府上有寿》祥瑞勒子,和田玉籽料,千年万年聚黑皮,
重:39.38g。

《彩凤双飞翼》蝴蝶吊坠,和田玉籽料,黄沁,
重:6.02g。

《虎踞龙盘》摆件,和田玉籽料,独籽,一级白,红皮,
重:314.55g。

《彩凤双飞翼》蝴蝶吊坠,和田玉籽料,黄沁,
重:8.11g。

 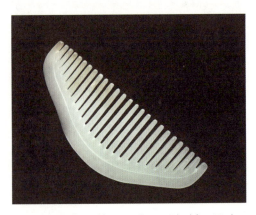

《一顺百顺》玉梳子，和田玉籽料，黑皮，重：75.57g。

《一顺百顺》玉梳子，和田玉籽料，黑皮，重：28.00g。

《金玉（鱼）满堂》玉琮，和田玉籽料，脂白，红金皮，俏色巧雕，重：80.25g。

《招财进宝》福在眼前吊坠，和田玉籽料，红皮，脂白，重：13.99g。

《年年有余（鱼）》金玉满堂吊坠，和田玉籽料，脂白，红金皮，俏色巧雕，重：91.99g。

《一路连科》活环吊坠，和田玉籽料，羊脂玉，红皮，重：52.10g。

《金牛出水》牛（扭）转乾坤吊坠，和田玉籽料，红皮，脂白，
重：76.97g。

《财神》玉吊坠，和田玉籽料，一级白，红皮，
重：32.56g。

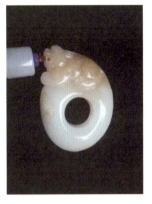

《飞龙在天》吊坠，和田玉籽料，红皮，独籽。

《府上有寿》貔貅吊坠，和田玉籽料，脂白，俏色巧雕，
重：39.91g。

《财帛星君》财神吊坠，和田玉籽料，黄沁，
重：46.09g。

《笑口常开》童子戏佛摆件，和田玉籽料，红皮，脂白，
重：790.00g。

《执子之手与子成说》摆件，和田玉籽料，红皮，
重：88.39g。

《金元宝》吊坠，和田玉籽料，原石，红皮，独籽，
重：11.19g。

《善财童子》吊牌，和田玉籽料，脂白，传统拉丝工，
重：27.32g。

《携子上朝》年年有余吊坠，和田玉籽料，红皮，
重：36.66g。

《百财·百福》吊坠，和田玉籽料，脂白，圆雕，红皮，
重：40.28g。

《富甲天下》吊坠，和田玉籽料，脂白，红皮，
重：35.05g。

《一夜成佛》童子戏佛吊坠，和田玉籽料，红皮，脂白，
重：98.74g。

《达摩祖师》摆件，和田玉籽料，红皮，脂白，
重：510.99g。

《荣华富贵》吊坠，和田玉籽料，红皮，脂白，
重：29.97g。

《福在眼前》和田白玉鼻烟壶，台湾红珊瑚盖头。

紫砂和田玉提梁壶。

《佛佑天下》黄玉佛像挂件，
重：68.18g。

《钟馗纳福》吊坠，和田玉籽料，脂白，红皮，浮雕，
重：36.49g。

和田玉鼻烟壶，
重：156.08g。

和田玉鼻烟壶，瓜棱壶，
重：104.78g。

和田玉花插，
重：104.78g。

糖玉原石，
重：3.78kg。

《福在眼前》和田玉吊坠，
重：30.28g。

《佛手猴》和田玉吊坠，
重：90.58g。

《西方三圣》和田玉插屏，
长：15.00cm，宽：9.50cm，高：11.50cm。

《龙凤呈祥》和田玉插屏，
长：4.50cm，宽：0.80cm，高：8.10cm。

《财福相随》和田玉插屏，
长：4.50cm，宽：1.00cm，高：8.10cm。

《富甲天下》和田玉摆件，
长：14.50cm，宽：8.50cm，高：13.10cm。

和田玉原石，
重：488.88g。

《深山访友》和田玉摆件，
长：9.00cm，宽：4.00cm，高：11.10cm。

《壶中日月长》和田玉壶，
长：14.50cm，宽：8.50cm，高：11.50cm，
重：401.68g。

《貔貅》和田玉摆件，
长：8.80cm，宽：3.80cm，高：7.20cm，
重：309.98g。

《青牛引圣》和田玉摆件，
长：10.50cm，宽：3.50cm，高：11.50cm。

《生如夏花》和田玉摆件，
长：19.00cm，宽：7.00cm，高：7.00cm，
重：606.10g。

《飞黄腾达》和田玉吊坠，脂白，黑皮，枣红皮，
重：25.01g。

《惠迪吉》等和田玉印纽七件套，一级白，共重:569.02g。

《平安无事》团圆吊坠，和田玉籽料，沙金皮，满皮，
重:25.62g。

模块八　独山玉

一、独山玉的产地

独山玉产于河南南阳的独山,也称"南阳玉"或"河南玉",还有简称为"独玉"的。

(一)独山玉的历史

独山玉开采加工历史较早,早在6000年以前,古人已经开采独山玉。西汉时曾称独山为"玉山"。西汉时就盛行独山玉,现在独山脚下亦存在汉代玉街寺遗址,山上有开采后残留的老洞千余个;在安阳殷墟妇好墓出土的玉器中,有不少独山玉的制品。

1958年南阳独山五矿开始建矿采掘,迄今为止已开采千余吨玉石,最高峰的1973年曾开采150吨玉石料。独山玉料主要供应南阳当地的玉器厂,此外,还有部分销往北京、天津等地,其中优质大块料供不应求。市场上独山玉制品色彩斑斓、品种繁多,价格适中,深受广大消费者喜爱。

(二)独山玉的品种

(1)绿独山玉:呈绿色至翠绿色,半透明,质地细腻,近似翡翠,具有玻璃光泽。

(2)红独山玉:又称"芙蓉玉"。呈浅红至红色,质地细腻,光泽好。

(3)白独山玉:呈白或灰白色,质地细腻,具有油脂般的光泽。其品种包括奶油白玉、透水白玉等。

(4)紫独山玉:呈暗紫色,透明度较差。

(5)黄独山玉:呈黄绿色。

(6)黑独山玉:呈墨色,故又称"墨玉"。

(7)青独山玉:呈青绿色,透明度较差。

(8)杂色独山玉:多种颜色混杂的独山玉。

二、南阳独山玉——传说中的"和氏璧"

"完璧归赵"的故事可以说是家喻户晓。其中的和氏璧就是由独山玉所制。但是和氏璧的真实模样谁也未见过,历史学家只是根据史书记载,再结合当时的社会环境、生产力状况等因素推测:和氏璧的原石为独山玉。史书记载,和氏璧为白玉,而独山玉有一种叫"透水白",该品种极为珍贵。

【拓展阅读】

完璧归赵中的和氏璧

相传在春秋时期的楚国,有个叫卞和的人,在楚山中拾到一块璞玉(即未经加工的美玉),把它奉献给楚厉王。厉王让辨别玉的专家来鉴定,鉴定的结果说是石头。厉王大怒,认为卞和在欺骗戏弄自己,遂以欺君的罪名,砍掉了卞和的左脚。不久,厉王死了,武王即位,卞和又把这块璞玉奉献给武王。武王也让辨别玉的专家来鉴定,结果同样说是石头,武王又以欺君之罪砍掉了卞和的右脚。武王死后,文王即位。卞和抱着璞玉到楚山脚下大哭,哭了三天三夜。眼泪哭干了,最后哭出了血。文王听说后,就派人问他,说:"天下被砍掉脚的人很多,都没有这样痛哭,你为什么哭得如此悲伤呢?"卞和回答说:"我不是为我的脚被砍掉而悲伤、痛哭,我悲伤的是有人竟把宝玉说成是石头,给忠贞的人扣上欺骗的罪名。"文王于是就派人对这块璞玉进行加工,果然是一块罕见的宝玉。于是就把这块宝玉命名为"和氏璧"。

这块宝玉由于珍奇,加之来历不平凡,因此,便成了世间公认的至宝,价值连城。这也是秦王不惜以十五座城为诱饵来骗取和氏璧的原因所在。蔺相如不畏强权,甘冒失去性命的危险,将和氏璧完整归还赵国,一方面是为了维护赵国的利益,不辱使命;另一方面也在于和氏璧的珍贵。

(一)元代"渎山大玉海"

在北京北海公园团城存放着一件"渎山大玉海",它是元帝忽必烈犒赏三军时盛酒的器物,是真正的独山玉制品。

这件国之瑰宝为世界玉雕历史之最。它是目前已知中国历史上出现最早、最重的巨型玉雕,为中国历史上的艺术珍品,亦为世界宝玉石发展史上罕见的杰作,但其发现和认定的过程却是艰难曲折的。

2004年5月25日,在南阳宝玉石协会秘书长赵树林的协调下,二十几位国内知名的玉器、考古、收藏专家,对元代的"渎山大玉海"进行了玉质比对鉴定,经过仔细观察、反复对比,专家们最后认定,"渎山大玉海"的玉质为南阳独山玉。

【拓展阅读】

历史上最大的玉盛酒器——"渎山大玉海"

收藏于北京北海公园的"渎山大玉海"是中国古代最大的玉制盛酒器。它

> 不仅形制巨大,而且是用整块玉石雕琢而成的,颜色青绿,石质柔和细腻,图案精美。

(二)"南阳翡翠"

笔者对"南阳翡翠"的说法是不认可的。

独山玉,由于色泽鲜艳,硬度高,光泽度好,更因为与产于缅甸的翡翠有几分相似,有的人称之为"南阳翡翠"。其实,真实情况与模块四中"昌化田黄"的说法差不多,这里就不再赘述。

(三)中国最大的独山玉流通市场

河南省南阳市镇平县近几年来已经发展成中国最大的独山玉流通市场,1995年3月,镇平县被国家农业部、国土资源部、国务院发展研究中心等5家部门联合命名为"中国玉雕之乡"。

镇平玉雕在国内外享有盛誉,但是和其他行业一样,在利益驱动下,也难免泥沙俱下,需要投资者明察秋毫,明辨是非。

> **延伸阅读**
>
> 1.《探索·发现 独山玉是中国四大名玉之一》,CCTV-10科教频道。
> 2.《文化大百科 独山玉》,CCTV-3综艺频道。
> 3.《国宝档案 中华成语话战国——完璧归赵》,CCTV-4中文国际频道。
> 4.《历史最大玉盛酒器 渎山大玉海》,CCTV节目官网。
> 5.《探索·发现 色彩艳丽的独山玉被称为南阳翡翠》,CCTV-10科教频道。

思考与练习

一、单项选择题

1.独山玉因产于河南南阳的(　　)而得名。
　A.祁连山　　　　B.青龙山　　　　C.独山　　　　D.玉岩山
2.早在6000年以前,古人已经开采独山玉,安阳殷墟妇好墓出土的玉器中,有不少独山玉的制品。西汉时曾称独山为(　　)。
　A.玉山　　　　B.青龙山　　　　C.独山　　　　D.祁连山
3.存放在北京北海公园的"渎山大玉海"是国之瑰宝,其玉质是(　　)。
　A.蓝田玉　　　　B.独山玉　　　　C.岫岩玉　　　　D.和田玉
4.国之瑰宝"渎山大玉海"是(　　)的遗作。

A.宋代 B.明代 C.清代 D.元代

5.1995年3月,河南南阳镇平县被国家农业部、国土资源部、国务院发展研究中心等5家部门联合命名为( )。

A.中国玉雕之乡 B.中国龙都 C.中国玉石之乡 D.中国玉都

6.史书上记载,和氏璧为白玉,"完璧归赵"中的和氏璧就属于( )。

A.祁连玉 B.和田玉 C.华安玉 D.独山玉

二、多项选择题

1.独山玉,也称( )。

A.南阳玉 B.中国玉 C.河南玉 D.独玉

2.安阳妇好墓是殷墟唯一保存完整的商代王室墓葬,并建有被甲骨卜辞称为"母辛宗"的享堂,其出土文物非常丰富,除玉器外,还有大量的( )。

A.青铜器 B.宝石器 C.象牙器 D.乐器

三、思考题

1.西汉时曾称独山为什么?

2.目前已知中国历史上出现最早、最重的巨型玉雕是什么?

3."完璧归赵"中的和氏璧属于什么玉?

4.河南省( )有"中国玉雕之乡"之称。

5."南阳翡翠"的说法,对吗?

宝玉石投资实务

教学图鉴

存放在北京北海公园的"渎山（独山）大玉海"。

《长长久久》独山玉摆件，
重:9.00kg。

模块八 独山玉 | MOKUAIBA DUSHANYU

模块九　华安玉

一、华安玉的产地

华安玉出自福建省漳州市九龙江两岸,古称茶烘石、九龙玉、五彩石、九龙璧。华安玉是福建省最主要的奇石品种,是漳州市的"市石"。其质地坚硬,摩氏硬度为7左右,石性温和,质地细腻,纹理清晰,花纹独特。在国内享有极高的声誉,跻身于"石林"世界,成为石玩中的珍品。

(一)华安玉的历史

华安玉历史悠久,玉石文化积淀深厚。早在旧石器时代,华安人就开始用华安玉作石器,唐宋时期,华安玉已闻名于世。明代地理学家徐霞客于崇祯元年(1628年)、崇祯三年(1630年)两度莅临华安考察九龙江北溪,在其《闽游日记》中对华安玉极尽赞美之词。

据《龙溪县志》记载,清乾隆时期图景绮丽的华安玉曾被人们选作家藏珍品、朝廷贡品。民国初年,岭南大学黄仲琴教授也两次慕名实地考察北溪,留下了《华丰观石记》《华丰观石后记》的力作。

在闽南民间流传着这样的口头禅"家有玉石平安,店有玉石兴旺""事竟成,石敢当"等。由此可见,华安玉石文化蕴含深远,是中华几千年玉石文化的重要组成部分。

(二)华安玉的品种

根据华安玉的颜色和花纹,将玉石划分为以下五个品种。

(1)青色华安玉:以绿色为主,由灰绿色至暗绿色,含有白色或少量其他色泽的条带。

(2)粉红华安玉:以粉红色为主,含有少量白色、绿色等其他色泽的条带。

(3)墨色华安玉:黑色,质地致密。

(4)虎皮华安玉:由粉红色、淡绿色的条带组成,二者比例相近,相间排列,形成与虎皮花纹相似的图案。

(5)水墨华安玉:由粉红色、淡绿色、黑色和白色等条带组成,条带多呈不规则状排列,构成的图案犹如一幅水墨山水画。

二、华安九龙璧——中华奇石

华安玉因历史悠久,别名很多,曾有茶烘石、梅花石、北溪石、五彩石、罗汉石之称,最为著名的是九龙玉、九龙璧等称号。

但专家发现,九龙璧名称与北京九龙壁相似,且未直接体现华安玉的玉石特性。使用九龙玉名称,既能突显龙文化之内涵,又能体现它产在九龙江北溪,但是九龙江并非只在华安县城内。

在2000年1月举办的首届中国华安玉(九龙璧)奇石节中国国石评选研讨会上,国土资源部、中国地质大学、中国宝玉石协会的专家一致认为使用"华安玉"名称最佳。

使用华安玉名称,不仅展现了华安玉的玉石地位,而且可使人望名便知。华安玉产在华安,华安是华安玉的故乡,华安玉可寓意华夏富强、安居乐业、屹(玉)立东方之内涵。

华安玉作为中国十大奇石之一,于2000年入选中国十大"国石"候选石,定为"八闽名石""漳州市石"。华安玉文化内涵丰富,且具有很高的实用价值、观赏价值和珍藏价值。从美学角度看,华安玉蕴含丰富的文化内涵。华安玉质美,美在坚贞浑厚;色美,美在五彩斑斓;纹美,美在构图逼真;形美,美在造型奇巧;意美,美在意味深长。

正如文学大师林语堂所说:"好的石块,一方固然应该近乎雄奇大俗,但天然的褶皱,更为重要。"原国家农业部部长何康1992年12月曾题"中华奇石·华安九龙璧"。

【拓展阅读】

沈钧儒:与石为友的开国大法官

"与石为友,赏石励志。"

自古以来,石头是人们心目中坚强硕大、淳朴厚重的象征,它默默伫立,从不张扬。沈钧儒与石而居,以石为乐,与石会友,赏石励志。

在沈钧儒故居的西厢房,就藏着一个五彩缤纷的奇石世界,即他的书斋——"与石居"。

1949年2月25日,沈钧儒从沈阳到达北平。26日,北平各界开会热烈欢迎到达北平的民主党派和无党派人士。图为沈钧儒与茅盾等民主人士在北京北海九龙壁合影。

沈钧儒爱石藏石,他的这些藏石,既有天上陨石,也有山中化石、地下矿石、水中砚石,还有各式各样的奇石美石。沈钧儒对于石头的喜爱,可以说近乎痴迷,每得到一块石头,都要把它放在清水中一遍遍清洗,直到露出石头的本来面目;就连养在盆子里的石头,也坚持每天换水。

1939年,他自题《与石居》一诗,写道:"吾生尤好石,谓是取其坚。掇拾满吾居,安然伴石眠。至小莫能破,至刚塞天渊。深识无苟同,涉迹渐戋戋。"

> **延伸阅读**
>
> 1.《华安玉被评为十大国石候选石之一》,CCTV-10 科教频道。
> 2.《中华奇石——华安玉》,漳州市华安县人民政府。
> 3.《漳平奇石——九龙壁》,CCTV-4 中文国际频道。
> 4.《沈钧儒:与石为友的开国大法官》,嘉兴人网。
> 5.《沈钧儒纪念馆》,南湖革命纪念馆网站。

思考与练习

一、单项选择题

1. 华安玉出自福建省漳州市(　　)。
   A.九龙江　　　　B.连江县　　　　C.罗源县　　　　D.楠溪江
2. 华安玉是福建省最主要的奇石品种,是(　　)的"市石"。
   A.福州市　　　　B.厦门市　　　　C.漳州市　　　　D.福鼎市
3. 明代地理学家徐霞客于崇祯元年(1628 年)、崇祯三年(1630 年)两度莅临华安考察(　　),在其《闽游日记》中对华安玉极尽赞美之词。
   A.楠溪江　　　　B.闽江　　　　　C.罗源县　　　　D.九龙江
4. 华安玉具有独特的魅力,其质地坚硬,摩氏硬度为(　　)左右,石性温和,质地细腻,纹理清晰,花纹独特。
   A.5　　　　　　B.7　　　　　　C.3　　　　　　D.2
5. 华安玉历史悠久,玉石文化积淀深厚。早在(　　)时代,华安人就开始用华安玉作石器,唐宋时期,华安玉已闻名于世。
   A.旧石器　　　　B.战国　　　　　C.新石器　　　　D.春秋

二、多项选择题

1. 华安玉,古称(　　)。
   A.茶烘石　　　　B.九龙玉　　　　C.五彩石　　　　D.九龙璧
2. 福建华安县是(　　)。
   A.中国玉雕之乡　　　　　　　　B.中国观赏石之乡
   C.中国玉石之乡　　　　　　　　D.中国民间玉雕艺术之乡
3. 华安玉是(　　)。
   A.中华四大宝玉石之一　　　　　B.中国十大"国石"候选石之一
   C.八闽名石　　　　　　　　　　D.漳州市石
4. 华安玉蕴含丰富的文化内涵,不但玉质美,还具有(　　)。
   A.色美　　　　　B.纹美　　　　　C.形美　　　　　D.意美

5.华安玉的品种,除青色华安玉外,还有(　　)。

　　A.粉红　　　　　　B.墨色　　　　　　C.虎皮　　　　　　D.水墨

三、思考题

1.华安玉的产地在哪儿?

2.华安玉有哪些品种?

3.华安玉是叶蜡石吗?

4.什么时候开始有"华安玉"的称呼?

5.华安玉曾作过朝廷贡品吗?

6.华安玉有哪"五美"?

宝玉石投资实务

教学图鉴

福建华安玉盆景石,
重:5.30kg。

福建华安玉盆景石,
重:5.90kg。

模块十　绿松石

一、绿松石的产地

我国是世界上著名的绿松石产地,也是绿松石的主要产出国之一。其中以湖北郧县、郧西、竹山一带的优质绿松石最为著名,畅销国内外。

此外,陕西白河、河南淅川、新疆哈密、青海乌兰、安徽马鞍山等地均有绿松石产出。江苏、云南等地也发现有绿松石。国外也有一些著名的绿松石产地。如伊朗产出的最优质的瓷松和铁线松,被称为波斯绿松石。此外,埃及、美国、墨西哥、阿富汗、印度等国均产出绿松石。

(一)绿松石的历史

绿松石是古老的宝石之一,有着几千年的辉煌历史,深受古今中外人士的喜爱。早在古埃及、古墨西哥、古波斯,绿松石被视为神秘、避邪之物,不少人将其当作护身符和随葬品。

我国藏族同胞认为绿松石是神的化身,是权力和地位的象征,是最为流行的神圣装饰物。第一个藏王的王冠就是用绿松石装饰的,它被当作神坛供品。

我国历代文物中均有不少绿松石制品,所以绿松石是有着悠久历史的传统玉石。古人称其为"碧甸子""青琅玕"等,欧洲人称其为"土耳其玉"或"突厥玉"。其实土耳其并不产绿松石,相传是因为古代波斯出产绿松石,它经土耳其运往欧洲后,人们误以为其产于土耳其而得名。

1927年,我国地质界老前辈章鸿钊先生在其名著《石雅》中解释说:"此(指绿松石)或形似松球,色近松绿,故以为名。"意思是说绿松石因其天然产出常为结核状、球状,色如松树之绿,因而被称为"绿松石",也可简称为"松石"。

(二)绿松石的品种

(1)最直观的是按颜色分类,可以分为蓝色绿松石、浅蓝色绿松石、蓝绿色绿松石、绿色绿松石、白绿色绿松石、白色绿松石。

(2)按质地分类,可以分为透明绿松石、块状绿松石、蓝缟绿松石、铁线绿松石、磁松石、斑点松石。

(3)国际上最权威的分类方法是按照绿松石的综合品级进行分类的,大体可分为四大类,分别是:一级品(波斯级)、二级品(美洲级)、三级品(埃及级)、四级品(阿富汗级)。

以上分类太复杂,也比较抽象。国内市场上的习惯分类就是蓝色、绿色、黄色。

从等级来说,蓝色最好,绿色次之,黄色再次之。

二、绿松石龙——原始中国龙的雏形

龙,是中华文化最具代表性的标志。在漫长的历史长河中,龙的形象是五花八门、精彩纷呈的,2004年,河南偃师二里头遗址出土了距今约3700年至3500年的大型绿松石龙形器,龙的形象才实现了从多元到一体的统一。

二里头遗址宫殿区出土的绿松石龙形器,长64.50cm,中部最宽处4cm。它是由2300余片各种形状的绿松石片粘贴、镶嵌而成,绿松石片工艺非常精细。类似这样的绿松石片,笔者也有收藏,行内老者称之为"鳞片"。绿松石龙形器的头部,由两节实心半圆形的白玉蝉和一节实心半圆形的绿松石组成额面中脊和鼻梁,绿松石质蒜头状鼻端硕大醒目,两侧有对称的眼眶轮廓,梭形眼,轮廓线富于动感,以圆饼形白玉为眼睛;龙首隆起于托座上,略呈浅浮雕状,为扁圆形巨首,吻部略微突出;龙身略呈波状曲伏,中部出脊;龙尾部渐变为圆弧隆起,尾部内蜷。我猜想,宛如游龙大概就出于此吧。

> **延伸阅读**
>
> 1.《绿松石:难愈的"旧疤"》,CCTV-2财经频道。
> 2.《绿松石背后的历史之谜》,CCTV-10科教频道。
> 3.《绿松石龙的秘密》,CCTV-10科教频道。

思考与练习

一、单项选择题

1.（　　）是世界上著名的绿松石产地,也是绿松石的主要产出国之一。
　　A.中国　　　　　B.新加坡　　　　　C.南非　　　　　D.加拿大
2.（　　）是优质的绿松石产地,它产出的最优质的瓷松和铁线松,被称为波斯绿松石。
　　A.阿富汗　　　　B.印度　　　　　　C.俄罗斯　　　　D.伊朗
3.绿松石最直观的分类方法是按（　　）分类。
　　A.体重　　　　　B.重量　　　　　　C.颜色　　　　　D.纯度
4.其实,（　　）并不产绿松石,只是由于运输问题引起人们的错误认知而得名。
　　A.美国　　　　　B.土耳其　　　　　C.墨西哥　　　　D.印度
5.专家考证推断,我国历史上著名的和氏璧即是绿松石所制,对此,浙江经济职业技术学院陈六一教授认为,这样的说法可信度极低。同时也与（　　）的说法相矛盾。
　　A.和田玉　　　　B.独山玉　　　　　C.华安玉　　　　D.祁连玉

6.绿松石龙形器是原始中国龙的雏形,这件国宝是在( )出土的。
  A.二里头遗址　　　　　　　　　　　B.良渚文化遗址
  C.红山文化遗址　　　　　　　　　　D.河姆渡文化遗址

二、多项选择题

1.我国的绿松石产地,以湖北( )一带的优质绿松石最为著名,畅销国内外。
  A.天门县　　　　B.郧县　　　　C.郧西　　　　D.竹山
2.除湖北外,我国的( )等地均有绿松石产出。
  A.陕西白河　　　B.河南淅川　　C.新疆哈密　　D.青海乌兰
3.从世界范围来看,除我国外,印度及( )等国家均出产绿松石。
  A.埃及　　　　　B.美国　　　　C.墨西哥　　　D.阿富汗
4.绿松石是古老的宝石之一,有着几千年的辉煌历史,深受古今中外人士的喜爱。早在( ),绿松石被视为神秘、避邪之物,不少人将其当作护身符和随葬品。
  A.古巴比伦　　　B.古波斯　　　C.古墨西哥　　D.古埃及
5.我国历代文物中均有不少绿松石制品,古人称绿松石为( )等。
  A.土耳其玉　　　B.碧甸子　　　C.青琅玕　　　D.突厥玉
6.古代欧洲人称绿松石为( )等。
  A.碧甸子　　　　B.土耳其玉　　C.青琅玕　　　D.突厥玉
7.国际上最权威的绿松石分类方法,是按照综合品级进行分类的,包括( )等。
  A.波斯级　　　　B.美洲级　　　C.埃及级　　　D.阿富汗级
8.国内市场上绿松石的习惯分类,包括( )等。
  A.蓝色　　　　　B.绿色　　　　C.黄色　　　　D.青色

三、思考题

1.我国哪些地方出产绿松石?
2.用绿松石来装饰的第一个神坛供品是什么?
3.如何定义绿松石的等级?

宝玉石投资实务

教学图鉴

绿松石方片首饰件，
重:21.89g。

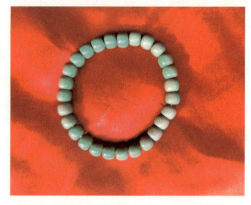
绿松石手链，
重:25.38g。

模块十一　红珊瑚

一、红珊瑚的产地

就全世界范围来说,目前红珊瑚产地主要有四个:中国台湾海域、日本南部岛海域、夏威夷群岛周边海域及中途岛海域、地中海意大利半岛南部海域。

在四个主要产地中,中国台湾海域的红珊瑚产量最大,世界上65%的红珊瑚产自中国台湾,而顶级的红珊瑚则产于日本高知县海域。

(一)红珊瑚的品种

红珊瑚是有机宝石中非常重要的一个品类,美丽的红珊瑚来自深邃的大洋深处。红珊瑚包含三大主要种类,分别是阿卡、莫莫、沙丁。阿卡红珊瑚的颜色最深,都是很深、很正的红色,一般来说,颜色越浓,其价值越高。莫莫红珊瑚偏粉红色,"莫莫"来自日文,意思是桃色,莫莫红珊瑚的颜色清新可爱,比较受年轻人的欢迎。沙丁红珊瑚虽然颜色上和阿卡红珊瑚接近,但是质地、颜色都不如阿卡红珊瑚。

其实,阿卡、莫莫、沙丁都是宝石级的珊瑚,因材质不同,可分别用来做珠子、戒面、雕刻吊坠和摆件等,各取所需、物尽其用。它们与翡翠中的A货、B货、C货是不同的概念,倒是有点类似翡翠中的玻璃种、冰种、翠绿、蓝绿。

【拓展阅读】

瓷质鼻烟壶

我是酷爱石头的,对瓷器的兴趣度不高。但前段时间在市场上我看到了这个《瓜瓞绵延》瓷质鼻烟壶,台湾红珊瑚盖,画作很好看,一花一世界,一叶一菩提,无款;盖头是红珊瑚,且红珊瑚是真品。我因此相信这瓷质鼻烟壶肯定是真品。

《瓜瓞绵延》瓷质鼻烟壶,台湾红珊瑚盖

(二)活体珊瑚和倒枝珊瑚

根据采伐时红珊瑚的状态,可以将它们分为活体珊瑚和倒枝珊瑚。活体珊瑚即采伐时红珊瑚是活着的,而倒枝珊瑚则是指采伐时红珊瑚已经死亡。

(三)腔肠动物

民间流传着这样的说法,陆地上有什么,海洋里就有什么。长期以来,人们一直认为珊瑚是一种海底植物,事实却不是这样,20世纪20年代,人们发现珊瑚不是海底植物,而是一种腔肠动物——海生珊瑚虫分泌的碳酸钙骨骼,属于有机宝石。

什么是腔肠动物?就是有口无肛门的动物。食物从消化道进入腹部,消化后的残渣由口排出。比如珊瑚虫、海葵、海蜇等都属于此类。

目前,中国科学院南海海洋研究所组织的西沙珊瑚礁修复调查显示,近年来生态保护效果明显,海南省三沙海域出现了大规模珊瑚修复迹象。

二、台湾红珊瑚——千年珊瑚万年红

中国台湾是世界上著名的红珊瑚产地之一,也是世界红珊瑚的主要产地,全球大部分红珊瑚珍品都出自中国台湾。

(一)珊瑚王国

我国台湾、澎湖列岛及其附近海域蕴藏着丰富的红珊瑚资源,且品质高,因此我国台湾地区有"珊瑚王国"的美誉。

为什么台湾有如此丰富的红珊瑚资源?这和台湾独特的气候条件分不开。在红珊瑚形成过程中,必须依靠海底火山活动产生大量的铁、锰、镁元素及锌等微量元素,只有自然吸收这些珍贵的微量元素,才能最终形成绚丽的色彩。此外,红珊瑚虫的生长条件比较苛刻,首先海水温度要适宜,一般来说温度最好是在25℃~30℃,有正常或较高的盐分,溶于海水中的氧气须较为充足,同时要有足够的光线。

而台湾地区纬度比较低,靠近赤道,气候炎热。这和世界上另外三个红珊瑚产地的自然条件差不多。

(二)台湾红珊瑚珠宝的特征

红珊瑚生长在200~2000m的深海中,红珊瑚虫须生长10年至12年才能繁殖后代,珊瑚虫群体一般每年生长不超过1cm,成活7年以上其主干也不足1cm粗,由于资源短缺、开采困难,以及需求量日增,优质的珊瑚价格相当惊人。故有"千年珊瑚万年红,万年珊瑚赛黄金"之说。

经过几十年的发展,台湾开采珊瑚的技术不断进步,但目前每年也只有几十艘捕捞船获准在台湾附近海域作业,寥寥无几的产量很难满足市场需求,在巨大的经济利益驱动下,市场赝品泛滥。所以,这里有必要阐述一下台湾红珊瑚的特征。

(1)有自然斜横纹理,每一件珊瑚都不相同。

(2)有自然瑕疵,如小白点、小黑点、小斑点都很正常。

(3)是珠宝中唯一有生命的千年灵物,光泽艳丽、温润可人、晶莹剔透、千娇百媚。

(4)贴身佩戴能促进血液循环,而且依个人身体状况而出现不同颜色的变化,故可称为人体精气神的观测站。

(5)珊瑚珠宝具有养颜保健、活血明目等功效,是吉祥富贵的象征。

> **延伸阅读**
>
> 1.《红珊瑚:水中浇不灭的火》,CCTV-1新闻频道。
>
> 2.《中科院:海南三沙海域珊瑚修复迹象明显》,CCTV-13新闻频道。
>
> 3.《珍贵独特的台湾红珊瑚》,CCTV-13新闻频道。
>
> 4.《林金鎏与她的珊瑚王国》,CCTV.COM央视国际。

思考与练习

一、单项选择题

1.红珊瑚是地球上稀少的来自深海中的珍宝,生长在( )的大海深处。

A.200至500m B.200至1000m

C.200至1500m D.200至2000m

2.世界上65%的红珊瑚产自( )。

A.中国台湾海域 B.夏威夷群岛周边海域及中途岛海域

C.日本南部岛海域 D.地中海意大利半岛南部海域

3.台湾红珊瑚产地的珊瑚生长在深海中,属于( )。

A.地开宝石 B.石英宝石 C.有机宝石 D.无机宝石

4.红珊瑚在深海中,既像树枝又像花,其实它是( )。

A.海洋植物 B.海洋动物 C.海洋生物 D.海洋矿物

5.长期以来,人们对红珊瑚的认知一直存在误区,直到20世纪20年代人们才发现:红珊瑚是一种海生珊瑚虫分泌的碳酸钙骨骼。现在,我国在海南三沙海域就设有( )实验区。

A.腔肠动物 B.稀土 C.可燃冰 D.海洋植物

二、多项选择题

1.就全世界范围来说,目前红珊瑚的主要产地有( )等。

A.中国台湾海域 B.夏威夷群岛周边海域及中途岛海域

  C.日本南部岛海域　　　　　　　　　　D.地中海意大利半岛南部海域
2. 红珊瑚的种类,其实也代表了红珊瑚的品质,或者说等级,包括(　　)等。
  A.沙沙　　　　　　B.阿卡　　　　　　C.莫莫　　　　　　D.沙丁
3. 红珊瑚的种类,或者说等级,与翡翠中的A货、B货、C货是不同的概念,倒是有点类似翡翠中的(　　)。
  A.玻璃种　　　　　B.冰种　　　　　　C.翠绿　　　　　　D.蓝绿
4. 根据采伐时红珊瑚的状态,可以分为(　　)。
  A.活体珊瑚　　　　B.僵体珊瑚　　　　C.倒枝珊瑚　　　　D.直枝珊瑚
5. 传说,貔貅是有口无肛门的动物,许多不同材质的艺术品都体现了这个主题,满足了人们"恭喜发财"的美好愿望。但是现实生活中的确存在这样的动物,食物从消化道进入腹部,消化后的残渣由口排出。比如(　　)等。
  A.海蜇　　　　　　B.珊瑚虫　　　　　C.海带　　　　　　D.海葵

三、思考题

1. 目前红珊瑚的产地主要有哪些?
2. 哪个地方的红珊瑚产量最大?
3. 红珊瑚可以分为几个种类?
4. 珊瑚是海底植物吗?
5. 什么是腔肠动物?

宝玉石投资实务

教学图鉴

《心有猛虎细嗅蔷薇》琉璃鼻烟壶，红珊瑚盖，
重：105.78g。

《事事如意》水晶鼻烟壶，红珊瑚盖，
重：41.48g。

《鸟语花香》四方玛瑙鼻烟壶，红珊瑚盖，
重：133.39g。

《岁朝图》水晶鼻烟壶，红珊瑚盖，
重：97.09g。

《财福相随》琉璃鼻烟壶，红珊瑚盖，
重：68.57g。

《双耳瓶》水晶鼻烟壶，发晶，红珊瑚盖，
重：48.67g。

《知足常乐》水晶鼻烟壶，红珊瑚盖，重:62.18g。

《年年有余》琉璃鼻烟壶，红珊瑚盖，重:81.17g。

玛瑙鼻烟壶，红珊瑚盖，重:56.48g。

《喜事连连》和田玉鼻烟壶，红珊瑚盖，重:147.94g。

《年年有余》水晶鼻烟壶，发晶，红珊瑚盖，重:74.48g。

《年年有余》琉璃鼻烟壶，红珊瑚盖，重:52.38g。

《封神榜土行孙显耀》琉璃鼻烟壶，红珊瑚盖，马少宣款，
重:87.28g。

《封神榜土行孙》琉璃鼻烟壶，红珊瑚盖，马少宣款，
重:87.68g。

《封神榜大战黄天化》琉璃鼻烟壶，红珊瑚盖，马少宣款，
重:88.08g。

《封神榜孟津收七怪》琉璃鼻烟壶，红珊瑚盖，马少宣款，
重:71.28g。

《大吉图》琉璃鼻烟壶，红珊瑚盖，陈仲三款，
重:64.78g。

《将军罐》琉璃鼻烟壶，红珊瑚盖，鸡油黄，雍正年制款，
重:95.78g。

《江山万里图》琉璃鼻烟壶,红珊瑚盖,鸡油黄,雍正年制款,
重:142.98g。

《鸟语花香》琉璃鼻烟壶,红珊瑚盖,鸡油黄,雍正年制款,
重:93.68g。

《花枝招展》琉璃十二方鼻烟壶,红珊瑚盖,鸡油黄,乾隆年制款,
重:117.58g。

《悟道》琉璃鼻烟壶,红珊瑚盖,鸡油黄,康熙御制款,
重:203.78g。

《龙生九子》鼻烟壶,红珊瑚根,无款,
长:5.80cm,宽:3.20cm,高:7.60cm,
重:143.48g。

《母子兽》鼻烟壶,红珊瑚根,无款,
长:6.50cm,宽:3.00cm,高:9.10cm,
重:238.58g。

《君临天下》金蟾手把件，红珊瑚根，无款，长:10.15cm，宽:9.80cm，高:2.60cm，重:306.27g。

《一统江山》鼻烟壶，红珊瑚根，无款，长:4.00cm，宽:3.50cm，高:8.80cm，重:206.87g。

《金蟾》手把件，红珊瑚根，无款，长:7.80cm，宽:7.50cm，高:2.60cm，重:159.30g。

《非礼勿说》手把件，红珊瑚，无款，长:2.80cm，宽:2.00cm，高:5.20cm，重:62.18g。

《深谋远虑》手把件，红珊瑚，无款，长:2.80cm，宽:2.00cm，高:5.20cm，重:62.18g。

《佛说》吊坠，红珊瑚，无款，长:3.00cm，宽:1.80cm，高:2.80cm，重:37.38g。

模块十一　红珊瑚

MOKUAISHIYI HONGSHANHU

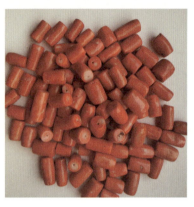
台湾红珊瑚桶珠，
重:686.18g。

台湾红珊瑚手持，
重:138.98g。

模块十二　翡翠

一、翡翠的产地

翡翠并不产于中国,缅甸北部是全世界主要的翡翠产地。世界上超过 90% 的翡翠产于缅甸,危地马拉、美国、俄罗斯等国家虽然有类似的矿石出产,但是品质却无法与缅甸的翡翠相提并论。

《家有宝物》翡翠摆件

(一)红翡绿翠

翡翠,本来的名字叫缅甸玉。大约在明朝时,缅甸玉传入中国后,就被冠以"翡翠"之名。而这个名称主要来自一种鸟的名字,这种鸟的羽毛非常鲜艳,雄性的羽毛呈红色,名翡鸟,雌性的羽毛呈绿色,名翠鸟,合称翡翠。

说到"翠鸟",这里先说一下"点翠",也就是点翠工艺。它是我国传统的金银首饰制作工艺,起着点缀美化金银首饰的作用。用点翠工艺制作的首饰光泽度好,色彩艳丽,而且永不褪色。点翠工艺的发展在清代康熙、雍正、乾隆时期达到了顶峰。

【拓展阅读】

京剧演员刘桂娟炫 12 万元点翠头饰遭动保人士责骂

点翠是中国传统的金银首饰制作工艺,京剧青衣常用的头面之一,根据所使用翠鸟羽毛的大小,又分为硬翠和软翠。点翠最早出现在汉魏时期,乾隆时期工艺水平已达顶峰。看过《甄嬛传》的人,对华妃娘娘头上的"点翠"都不会陌生,据说华妃头饰中间的大凤是当年的真品,如今一套点翠市售价将近 100 万元。

实际上,贵和美还不是点翠的最主要特色。点翠所需羽毛,必须由活的翠鸟身上拔取,才能保证其颜色的鲜艳华丽。硬翠采用的是比较大的翠鸟羽毛,一般取翠鸟左右翅膀上各十根(行话称"大条")、尾部羽毛八根(行话称"尾条"),所以一只翠鸟身上通常只能选用大约二十八根羽毛,病死的翠鸟羽毛往往是不能制作好的首饰的。

（二）翡翠公盘

所谓"翡翠公盘"，就是翡翠原石的"公盘"，是指卖方把准备交易的翡翠原石在市场上进行公示，让业内人士或市场根据原石的品质，评议出市场上公认的最低交易价格，再由买家在该价格的基础上竞买，从某种意义上说，公盘就是一种"拍卖"的交易方式。

翡翠公盘被沿用至今，制度、规章越来越完善，技术保障也越来越有力。在全世界的艺术品市场，翡翠公盘被认为极大地影响着翡翠价格的起落走向。由此衍生出特有的"赌石"文化，说是"赌石"，也不是单纯的"赌"，其实是根据所掌握的知识对石头作出判断，说穿了就是经验、知识的博弈和较量，"一刀穷，一刀富，一刀下去穿麻布"是"赌石"的真实写照，意思是赌石一刀下去，要么一夜暴富，要么倾家荡产，甚至命丧黄泉。所以大家千万不要参与赌石。另外，在专业的玉石市场，玉石毛料和成品的摆放是比较"随意"的，顾客不要轻易"动手"，要做到"玉不过手"。所谓"玉不过手"，就是说"玉石不能手过手"，此处所言"玉石"其实是一切"贵重之物"的代称，"手过手"是说不能"手手传递"。以翡翠手镯为例，我们演示一下正确的操作方法，顾客询价后，要等商家把翡翠手镯放到事先备好的软布上，在商家离手后，顾客再用正确的姿势拿起来观察。擦干手中的汗，在确保周围的人不会撞到自己的情况下，用食指和中指牢牢扣住手镯，再用大拇指回按住食指和中指来观察。这样一来，即使有人不小心碰到我们，也不会导致翡翠手镯轻易掉落。

观察翡翠手镯的正确操作方法

【拓展阅读】

游客摔断售价30万玉镯吓晕　第三方评估价值18万

近日，云南省瑞丽市一女游客在姐告区玉城试戴手镯时，不小心把一只标价30万元的手镯掉地上摔碎，当场吓晕……受姐告公安分局国门派出所委托,评估专业委员会对6月27日发生在姐告玉城的货主林某与顾客费某某所涉"翡翠手镯损坏"纠纷一事中的受损手镯(56圈口,糯化局部糯冰种,晶体较细、水头、光泽较好,飘翠色,完美,无裂,无脏)进行专业评估。经评估,该只翡翠手镯市场价值人民币壹拾捌万元整。

二、翡翠——不可不知的种和色

要说清楚"翡翠的品种",就要弄清楚"翡翠的色"和"翡翠的种"。

(一) 翡翠的色

所谓"色",就是指翡翠的颜色。观其色是判断翡翠优劣的首要因素,翡翠色泽鲜艳,有玻璃的光泽,透明度好。常见的有绿色、红色、黄色、紫罗兰色、褐色、白色和蓝色等,其中以绿色为上佳。

翡翠的颜色分原生色与次生色。原生色是翡翠形成时就有的颜色,包括白色、绿色、紫色、黑色;次生色是指经过风化作用,在矿物颗粒的间隙充填各种物质以后形成的颜色,包括黄色、红色。

翡翠的原生色与次生色对于鉴别A货、B货、C货尤为重要。由于翡翠的次生色是沿着裂隙进入翡翠中的,使得有些翡翠显得很脏。为了使这些不能达到宝石级的翡翠也能够销售出去,便有一些隐蔽的小工厂专门制造B货、C货。

所谓A货,就是指天然翡翠;B货就是用强酸将翡翠中的次生色去掉,然后注胶以增加其卖相;C货则是在B货的基础上染色而成,用来充当高档翡翠。

【拓展阅读】

我的师傅——"孟哥"

20世纪80年代,虽然说已经实行改革开放了,但是人们的物质文化生活水平改善不大。"孟哥"来杭州的主要目的,是为了打开杭州的玉石市场。记得那个时候,杭州比较大的玉石市场当为延安路上的工联大厦和解放路上的天工艺苑,他带着我们一起前去,每次都会有些收获,只是当时交易量不大,价格也很便宜。

其实,"孟哥"和我并没有走严格的拜师学艺流程,我在大学时期就喜欢玩玩石头,虽然只不过是一分钱、二分钱的印章石(这些几分钱的印章石现在则是价值不菲),没有明确的目标。而"孟哥"的目的则很明确,这样我们不知不觉就成了"师徒"。他让我们叫他"孟哥",并没有告诉我们他的真实名字。隐约记得在行内"孟哥"还是有一定知名度的,一次,他带着缅甸政府军司令的弟弟途经杭州,让我们随他们一道去看看2500kg的大翡翠,我们傻瓜一样地去了。所谓"政府军司令的弟弟"是真的还是假的,我们不得而知,但是那个"2500kg的大翡翠",我们确实看到了。"孟哥"说:你们买不了,杭州都无人能买,给你们看看是让你们长长见识。

后来工联大厦拆迁了,天工艺苑一把大火烧掉了。"孟哥"再也没有来过杭州,我们也再没有见过面。

(二)翡翠的种

说清楚翡翠的色,我们再来看看翡翠的种。

所谓"种",指的是翡翠内部的结构,也就是我们通常看到的颗粒物质。有的看着颗粒感比较明显,有的则又看不到颗粒。这就是我们说的种好或者种不好,其实,种的优劣和翡翠形成的时间长短有着直接关系。形成时间长,结构紧密、肉眼可能看不到里面的颗粒物质,这里要注意,看不到结构不等于没有结构,其实,结构仍然是存在的。形成时间短,因为结构粗糙,肉眼就很容易看到颗粒物质。

"种"的通透与否已经成为衡量翡翠价值的最主要指标。

翡翠的种有很多,如玻璃种、冰种、糯米种、芙蓉种、金丝种、花青种、油青种、豆种等。

概括地说,"不同的矿物所占比例不同,便形成不同的种",而这个比例是无法确定的,这样就产生了"无数个种"。

例如,以硬玉为主,略含其他矿物,这就是普通意义上的翡翠。若成分中既含有硬玉,也有透辉石类,便是油青种;而成分中含硬玉、透辉石与铬,就是墨翠;含铬再多一些,就是铁龙生。成分中全是纳铬辉石,便是干青种。尽管有些人偏爱干青种,但它算不得真正意义上的翡翠。也许你会觉得这些矿物成分的组合看起来很枯燥,但是只要你用心去了解,便会发现那些被商家故弄玄虚的"种"根本"忽悠不了"内行人。

经过数百年的实践,翡翠市场有了"三十六种(水),七十二绿(豆),一百〇八蓝"之说,所谓"外行看色,内行看种"。

【拓展阅读】

翡翠：你不可不知的种和色

判断翡翠价值，最为重视"种"的概念，其次才是色。

什么是翡翠的种？就是商家根据翡翠的质地、透明度、裂纹和结构进行种类划分的一个综合标准，既区别了结晶结构，又区分了质地。部分地区在"种"之外，还强调"水"，后者侧重于描述透明度。

中高档次翡翠有七"种"值得我们关注。其中，糯米种、金丝种、豆（青）种翡翠最为常见，价格适中，且质地较佳，新手藏家可从中"淘金"。冰种、玻璃种属于高档翡翠，首饰单价基本在万元以上，一只镯子的价格高达几十万元。

目前来说，翡翠基本可分为黄、绿、白、紫、黑、白底飘花、红七种颜色，最为常见的是黄色和绿（青）色两种，也是中国古代"翡"与"翠"的同义词。

从质地来看，绿色翡翠中杂质少、透明度高的顶级产品最多。不过，绿色翡翠的价格差异较大，灰青色产品也有10元单价处理的，玻璃种满绿首饰单价高至1亿元。

在近年来的拍卖市场中，紫色翡翠异军突起，不过，由于该类翡翠的内部结晶较差、透明度低，顶级产品不多。七色翡翠的中高端产品中，绿色翡翠价格第一，紧跟着是紫色与白色翡翠，之后是黄、红二色翡翠，再者是白底飘花翡翠，黑色翡翠垫底。

如何辨识翡翠的种？

玻璃种：外形特征如同玻璃，净度、透明度很高，结构细腻，内部基本看不清棉絮挥发物，以全绿颜色为主；偶有白底飘蓝花或飘绿丝带品种，价格较低。不是所有的玻璃种价格都很高，小颗粒的玻璃种并没有太大的收藏价值。

冰种：市场上的冰种只论质地不论颜色，以白色、满绿色、白色飘花三类为主；质地如同冰糖、冰块，少见裂纹，颜色纯净，但透明度比玻璃种稍逊一等，内部棉絮状物质较少，颗粒均匀一致。

金丝种：此品种最大的特色就是颜色的排列呈丝带状分布，并且往往是平行排列，而且丝状色带的颜色较深，呈现亚透明到半透明状态，内部结晶中水分比较足，属于中档翡翠中较好的类别，质地细润，但在市场上数量较少，容易被造假者仿制。

糯米种（也称芙蓉种）：是目前市场上较好的中档翡翠，分为糯地带翠、细糯底、冰糯飘花、糯底带翡等多个颜色类别。质地方面，内部结晶形同糯米，要透不透，不湿不干，迂回粘连。杂质少、颜色佳的也被当成高档翡翠出售。

豆种(豆青种)：内地商场的柜台中,豆种翡翠比较常见,颜色并不统一,但质地方面却有共同点,入表三分可见较粗的颗粒。之所以称为豆种,是因为其颗粒类似豆荚,虽然透明度不高,但该类翡翠的光泽度较高,色泽明艳。广州市场上,豆种翡翠的价格差异较大,几倍、十几倍差异的都有,价格主要根据颜色和光泽度来确定。

延伸阅读

1.《"行家"也失误！央视记者实地揭秘缅甸翡翠造假手段》,CCTV-1新闻频道。

2.《1万1千克拉！世界最大翡翠亮相》,CCTV-2财经频道。

3.《翡翠：你不可不知的种和色》,CCTV.COM。

4.《京剧演员刘桂娟炫12万元点翠头饰遭动保人士责骂》,央广网。

5.《鉴宝支招：给翡翠点颜色看看》,CCTV-2财经频道。

6.《游客摔断售价30万玉镯吓晕　第三方评估价值18万》,央视网。

7.《翡翠公盘造就"疯狂的石头"》,央视网。

8.《从缅甸玉石公盘探视翡翠玉石市场》,CCTV-2财经频道。

思考与练习

一、单项选择题

1.中国人对玉石的爱好大约有(　　)年的历史。这种爱好在全世界各民族中是独一无二的。

　　A.5000　　　　　　　B.6000　　　　　　　C.7000　　　　　　　D.8000

2.中国人喜欢的玉石品种繁多,其中,翡翠是极品之一。但是,翡翠并不产于中国,(　　)北部是全世界主要的翡翠产地。

　　A.缅甸　　　　　　　B.印度　　　　　　　C.泰国　　　　　　　D.巴基斯坦

3.翡翠的名称主要来自一种(　　)的名字。

　　A.草　　　　　　　　B.鲜花　　　　　　　C.鸟　　　　　　　　D.鱼

4.(　　)时,缅甸玉传入中国后,就被冠以"翡翠"之名。

　　A.宋朝　　　　　　　B.元朝　　　　　　　C.明朝　　　　　　　D.清朝

5.所谓"翡翠公盘",从某种意义上说,就是(　　)交易方式的雏形。

　　A.信用　　　　　　　B.拍卖　　　　　　　C.典当　　　　　　　D.股票

6.翡翠传入中国之前,它的名字叫(　　)。

A.缅甸玉　　　　　　B.马来玉　　　　　　C.新西兰玉　　　　　　D.阿富汗玉

二、多项选择题

1.点翠工艺,在(　　)时期达到了顶峰。其高超的技艺水平和不朽的艺术价值,充分体现了古代劳动人民的卓越才能和艺术创造力。

A.宣德　　　　　　B.康熙　　　　　　C.雍正　　　　　　D.乾隆

2.关于翡翠种的重要性,行内有许多简单明了的说法,如(　　)等。

A.内行买种,外行买色　　　　　　B.外行看色,内行看种

C.种差一分,价差十倍　　　　　　D.有种,你就过来

3.翡翠的种有很多,如(　　)等。

A.玻璃种　　　　　　B.糯米种　　　　　　C.冰种　　　　　　D.油青种

4.翡翠的颜色分原生色与次生色,两者对于鉴别翡翠的(　　)尤为重要。

A.A货　　　　　　B.B货　　　　　　C.C货　　　　　　D.D货

三、思考题

1.为什么叫翡翠?

2.翡翠产于哪里?

3.翡翠的种是什么意思?

4.翡翠的色是什么意思?

5.翡翠的A货、B货、C货是怎么回事?

6.什么叫点翠?

宝玉石投资实务

教学图鉴

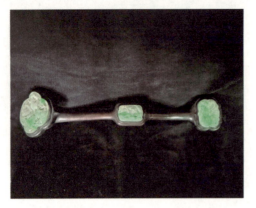

《人生如意》摆件，
长：23.50cm，宽：10.50cm，高：28.20cm。

《祥龙献瑞》吊牌，
长：4.30cm，宽：0.50cm，高：6.50cm，
重：39.38g。

《麒麟送子》翡翠插屏，
内框宽：11.50cm，高：13.20cm。

《如意人生》翡翠吊坠，
重：109.88g。

《一夜封侯》翡翠吊坠，
重：19.18g。

《如意白菜》翡翠摆件，圆雕，
长：10.80cm，宽：4.80cm，高：5.60cm，
重：251.88g。

《如意人生》翡翠摆件，圆雕，
长:12.50cm，宽:3.00cm，高:6.50cm，
重:349.28g。

《平安环》毛衣链，手把件，翡翠，
宽板:2.80cm，圈口:5.75cm，
重:88.17g。

《宝宝佛》吊坠，翡翠，
重:30.58g。

《宝宝佛》对佩，
重:18.05g、20.49g。

《平安无事》吊坠，翡翠，正阳绿，
重:12.97g。

《龙凤呈祥》对牌，翡翠，冰种，
重:8.46g、8.81g。

《百财》翡翠挂件，
重:18.98g。

《义薄云天》武财神对佩，翡翠，
重:18.98g、18.98g。

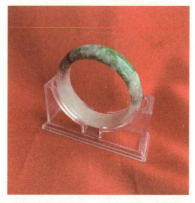

翡翠手镯，
圈口:5.35cm，重:50.18g。

翡翠手镯，紫罗兰，
圈口:5.80cm，重:66.66g。

模块十三　水晶

一、水晶的产地

水晶的分布非常广泛,全世界许多地方都出产水晶,但是它们的品质却大相径庭。

(一)水晶的形成和特性

天然水晶大多深藏于地底下、岩洞中。它们的生长需要有丰富的地下水资源,地下水中含有饱和的二氧化硅,同时其压力约为大气压力的2~3倍,温度则在550℃~600℃。水晶在地下经历8000万年以上的生长时间,就会依照"六方晶系"的自然法则而结晶成六方柱状的水晶。

水晶的晶粒多而不乱,所有的晶尖都指向洞体中心,有规律地生长。这是水晶的"地质年龄"动辄以"百万年"为计算基数的原因所在,也是天然水晶的珍贵之处。

水晶观赏石是天然水晶中最具代表性的作品,有着其他宝玉石都不具备的观赏性。无论是和田玉,还是缅甸翡翠,都要经过雕琢其价值才能显现。而水晶观赏石只需要对其表面进行抛光,晶体内所包裹的物质即可得到展现,人们就能欣赏到原汁原味的水晶石。

水晶的特性概括起来有四个方面。

(1)天然性。天然性是水晶观赏石的基本特性。通常整体造型的水晶矿物不事雕琢就具备很高的观赏价值。

(2)奇特性。水晶观赏石在形态、质地、内部特征等方面往往十分奇异。大自然的无限风光,在包裹体水晶中多数都能找到缩影。

(3)稀有性。天然水晶是不可再生资源,随着开发的深入,天然水晶存量越来越少,很多国家都提高了开采和出口天然水晶的门槛,外国水晶价格连年暴涨,其中观赏水晶比普通水晶的价格涨得更快。

(4)耐久性。水晶的化学成分主要为二氧化硅,水晶的化学稳定性相当好;水晶的硬度很大,摩氏硬度为7。这些决定了水晶不会腐烂变质,具有耐久性,容易保存,非常适合收藏。

【拓展阅读】

水晶传奇

东海县是中国闻名的水晶产地,这里的水晶、石英和硅产品产销量占中国一半以上。水晶,古人称之为千年冰、水玉、水精,古往今来的多种称呼,都离不开一个"水"字,这是与水晶透明如水的特性有关联。

晶洞是生长水晶的地方,地质学上说晶洞是构造作用形成的,位于东海县郯(城)庐(江)断裂带东侧的晶洞,构造独特,能够形成水晶,但是有了晶洞还得有营养液,东海县西部地区分布有大片的火山岩,岩浆形成以后,会产生岩浆热液,这个热液就是含硅质的热液,也就是水晶生长所需的营养液。

俗语云:"水火不相容。"水晶就是在火与水的交融中生成的:海水的巨大压力使得这里的地壳发生裂变,地核的岩浆沿着裂缝上升,随着温度、压力的降低而开始结晶,形成岩浆岩。岩浆结晶后期,有大量残余的富含硅及挥发成分的热液进一步沿着裂隙上升,降温降压,形成石英岩脉,水晶就是在石英岩脉的晶洞中形成与成长的。

(二)我国的水晶

我国已探明的中低档水晶矿床分布在28个省、市、自治区的109个地方。除上海、天津、宁夏未见报道外,各省区几乎都有出产。将水晶作为宝石原料加以开采的并不多,如江苏、山东、广西、广东、青海、福建、海南、云南、新疆等地。

我国的茶晶产于新疆花岗伟晶岩中,最大的晶体有数十千克。该地区奇台县出产的透明烟晶闻名遐迩。民间有"阿尔泰山七十二条沟,沟沟有宝"的说法。

除此之外,福建政和县出产无色透明水晶、茶晶,广东云浮市出产无色透明水晶、烟晶,广西凌云县出产无色透明水晶、茶晶,云南富宁县出产无色透明水晶、茶晶、烟晶。

江苏省东海县盛产明水晶,是我国著名的"水晶之乡"。

(三)古人眼里的水晶

在中国古人的眼里,水晶的名称有水玉、水精、水碧、石英、晶石、玻璃、琉璃等。我国是比较早开发和利用水晶的国家之一,"映物随颜色,含空无表里。持来向明月,的皪(lì)愁成水"。唐代著名诗人韦应物的《咏水精》描绘了水晶的晶莹剔透,从中也可看出唐代人对于水晶的喜爱,这在2015年西安一座唐代贵妇墓的考古发现中得到了验证。

【拓展阅读】

战国水晶杯

战国水晶杯现藏于杭州博物馆,水晶杯通高15.4cm、圈足高2cm、口径7.8cm、底径5.4cm。敞口,平唇,斜长直壁,深腹,圆底,圈足外撇。

> 在灯光的照射下,透明水晶泛着淡粉色。近距离观察杯子,它并不是纯白色的,而是略带一点淡琥珀色。
>
> 杯子比家里用的杯子要高一点,杯口差不多大小,就是内壁厚不少。外表没有什么纹路,应该是经过抛光处理的,底部和中部可以看到一些海绵体状的自然结晶。

(四) 国外的水晶

在国外,巴西、美国、法国、日本、印度、越南、缅甸、意大利、土耳其、加拿大、危地马拉、马达加斯加、澳大利亚等30多个国家盛产水晶。

西方国家认为只要是透明的都是水晶(Crystal),所以"水晶"这个词既包含无色透明的玻璃,也包含天然的水晶矿石。因此,为了便于区分,国际上通常以Rockcrystal来特指天然水晶。

由此看来,西方国家的一些人们把施华洛世奇说成水晶就不足为奇了。

【拓展阅读】

水晶巨头施华洛世奇扛不住了?

施华洛世奇公司1895年由Daniel Swarovski在奥地利创立。家族中大约200位成员拥有公司的股份。在全球约170个国家设有2680间分店,员工人数达3.45万人。

作为全球知名的时尚珠宝品牌制造商,施华洛世奇的业务主要由仿水晶业务、光学设备、研磨产品三部分组成,其中,仿水晶业务占据重要份额,2019年,施华洛世奇年销售额达35亿欧元,其中,水晶产品年销售额27亿欧元,是其主要的收入来源。

巴西是一个水晶王国,其水晶储量以及年产量、出口量占世界总量的90%。水晶资源集中分布在东南部的米纳斯吉拉斯地区。北部的马巴拉开采了大量的紫水晶。赞比亚的乔马附近及纳米比亚北海岸的紫水晶储量颇大。60年代,赞比西河沿岸发现了大量的紫水晶矿藏。

目前我国水晶市场顶级的水晶品种,基本上都来自巴西。例如黄水晶、紫水晶、碧玺、发晶、钛晶和幽灵水晶等。

二、水晶——璀璨不改奢华依旧

水晶的种类很多,根据不同的分类标准,可以将水晶分为四大类。

(1)根据颜色来区分,可以分为彩色水晶和非彩色水晶。紫色、黄色、粉色、绿色和蓝色是彩色水晶,而黑色、乳白色、棕色和无色是非彩色水晶。

(2)根据水晶中的包裹体来区分,可分为形状水晶和成分水晶。形状水晶也就是所说的发晶、钛晶、水胆水晶和景物水晶。成分水晶顾名思义,就是由水晶的包裹体矿石成分不同,可能掺杂着电气石、云母、金红石等其他矿石成分,以兔毛晶、幽灵水晶为代表。

(3)根据特殊的光学效应来区分,在光折射、反射、衍射等的影响下,一些晶体会引起猫眼效应(猫眼晶体)、星光效应(星形晶体)和彩虹效应(彩虹晶体),其典型代表就是星光粉水晶、金发晶等。

(4)根据形成方式来区分,可分为天然水晶、合成水晶和熔炼水晶。天然水晶就是由大自然的地壳运动形成的水晶,简单来说它是矿物的一种,产量有限。合成水晶和熔炼水晶都是人工制作而成,区别在于熔炼水晶没有水晶本身的晶体特性,所以大部分熔炼水晶都会被做成日常家用的产品,如果盘、水晶杯等。

【拓展阅读】

北京电视台鉴宝记

2019年4月,笔者应邀参加北京电视台的《拍宝》节目,当时带去的是马少宣的《远上寒山石径斜》水晶鼻烟壶,该鼻烟壶一面是人物一面是诗,人物为载涛贝勒的画像,诗为唐朝诗人杜牧作的《山行》:远上寒山石径斜,白云深处有人家。停车坐爱枫林晚,霜叶红于二月花。《山行》这首诗大家耳熟能详,但是我提醒大家注意一下,这里写的不是大家熟悉的"深处",而是"生处"。

《远上寒山石径斜》水晶鼻烟壶,马少宣款

(一)天然水晶和人造水晶

上面我们提到了天然水晶、合成水晶和熔炼水晶。天然水晶比较好理解,合成水晶和熔炼水晶其实就是人造水晶。

笔者认为:只有天然的水晶矿石,才能叫水晶。而合成水晶和熔炼水晶等人造水晶只能叫仿水晶或者玻璃。

人类最初使用的玻璃是由火山喷发产生的酸性熔岩凝结而成的,人工制造玻璃则可追溯到6000年前的埃及。在我国,古人将玻璃称为"琉璃""水精",不仅生前视其为珍宝,死后还常常将其作为宝物随葬。由于称呼不同,因此许多学者认为中国原本没有玻璃,"玻璃"是由西方传入中国的,实际上,当时的琉璃就是玻璃。

在现今生活中,玻璃已经是十分普遍的物品,所以玻璃和琉璃,以及玻璃和水晶是有着严格和明显区分的。需要强调的是,一般物品在其出现初期,价格都是非常高的,像我们现在用的智能手机几千元的价格已经算是比较高的了,但是笔者使用的第一部"大哥大"模拟机,当时售价36000元。其他物品也是同样的道理,这主要是科学技术进步、生产力提高等因素导致的结果。在进行艺术品鉴赏时,我们需要有一个时空转换思维,不能用现在的眼光去衡量百年、千年前的物品,否则一定会出现偏差。

最容易用来模仿或者冒充水晶的,就是玻璃。一些传统的说法在其中也起到了推波助澜的作用,例如水晶灯,其实就是玻璃灯;浙江省浦江县素有"水晶之乡"的称号,但是该县生产的水晶系列产品却是玻璃制品。

我们来看看"水晶鼻烟壶,王霞作,《美猴王》",如果单看被截下来的水晶鼻烟壶下半部,99%的人会认为它就是玻璃。

水晶鼻烟壶,王霞作,《美猴王》

(二)水晶的流行趋势

水晶的特性,决定了水晶的投资价值。我十分认可时尚杂志《女友》的预测,《女友》杂志认为,首饰的流行趋势依然遵循"以人为本"的原则,所以水晶的特性决定其今后的四大发展趋势。

(1)五彩缤纷。多元即为多彩,从材料和结构上都追求广泛和新颖。就过去十几年的情况来看,这多彩的旋律将会愈来愈明朗。

(2)还原自我。首饰的第一要求乃是"装饰",这一理念已为越来越多的人所接受,使得首饰不再成为一种奢华的装饰品,而是极富人情味的表现物。

(3)突出个性。21世纪是一个强调个性的时代,无论是买方还是卖方,都会将展现个性作为广泛的追求目标。而天然水晶正是以其冰清玉洁、玲珑剔透的不凡品质,将个人超凡脱俗的气质表现无遗。

(4)天然保健。李时珍在《本草纲目》中记载:"水晶辛寒无毒","益毛发、悦颜色",主治"惊悸心热、安心明目、熨热肿、摩翳障"。

延伸阅读

1.《科学家宣称:揭开墨西哥巨型水晶洞形成之谜》,CCTV-4央视国际。
2.《如何区别天然水晶与合成水晶》,CCTV.COM。
3.《天然水晶工艺品》,CCTV-7国防军事频道。
4.《水晶,还会疯涨?》,CCTV-2财经频道。
5.《你不知道的事儿——战国水晶杯》,CCTV-14少儿频道。
6.《水晶市场调查:低端水晶价格回落 高端水晶身价未动》,CCTV-2财经频道。
7.《颜色密度方向 选购水晶讲究多》,CCTV-2财经频道。
8.《烈火中幻化的美器——风华绝代古琉璃》,CCTV-4央视国际。

思考与练习

一、单项选择题

1.在地下经历8000万年以上的生长时间,水晶就会依照(   )的自然法则,而结晶成水晶了。
   A.五方晶系   B.六方晶系   C.七方晶系   D.八方晶系
2.水晶的"地质年龄"动辄以(   )为计算基数,这也是天然水晶之所以珍贵之处。
   A.几万年   B.十万年   C.百万年   D.千万年
3.西方国家对于水晶的认识与我们有一定差异,他们认为只要是透明的都是水晶,所以把材质是(   )的施华洛世奇说成水晶就不足为奇了。
   A.玻璃   B.玛瑙   C.琉璃   D.蜜蜡
4.巴西是一个水晶王国,其水晶储量以及年产量、出口量占世界总量的(   )。
   A.60%   B.70%   C.80%   D.90%
5."碧玺"这个词语最早出现在中国的(   )。
   A.明朝   B.清朝   C.宋朝   D.元朝
6.传说碧玺特别受(   )的喜爱,其殉葬品中就有很多碧玺首饰,其中不乏西瓜碧玺这样的珍贵品种。

A.康熙　　　　　　　B.乾隆　　　　　　　C.嘉庆　　　　　　　D.慈禧太后

7.发晶与钛晶的区别,主要是观看包裹体的(　　)。

A.丝状　　　　　　　B.颜色　　　　　　　C.质量　　　　　　　D.纹理

8.在天然透明水晶下观看一根头发是(　　)。

A.一根线　　　　　　B.二根线　　　　　　C.三根线　　　　　　D.四根线

二、多项选择题

1.水晶的特性,包括(　　),是其他宝玉石所不能体现的。

A.天然性　　　　　　B.奇特性　　　　　　C.稀有性　　　　　　D.耐久性

2.中国古老的水晶名称有(　　)等多种。

A.水玉　　　　　　　B.水精　　　　　　　C.水碧　　　　　　　D.石英

3.中国古代称玻璃为(　　)等。

A.琉琳　　　　　　　B.流离　　　　　　　C.琉璃　　　　　　　D.颇黎

4.钛晶产自巴西北部的巴依亚州。钛晶主要的晶底为(　　),钛晶是居于金字塔尖端族群的水晶,被称为"水晶之最"。

A.黄水晶　　　　　　B.紫晶　　　　　　　C.白水晶　　　　　　D.茶晶

5.水晶的流行趋势,依然遵循"以人为本"的原则,即(　　)。

A.五彩缤纷　　　　　B.还原自我　　　　　C.突出个性　　　　　D.天然保健

三、思考题

1.我国出产水晶吗?

2.水玉,是什么?

3.世界上哪个国家盛产水晶?

4.施华洛世奇是水晶吗?

5.天然水晶符合哪四大流行趋势。

宝玉石投资实务

教学图鉴

《四大美人》，丁二仲款，
重:58.61g、59.80g、60.21g、67.25g。

《深山访友》，叶仲三款，
重:63.87g。

《年年有余》，张葆田款，
重:63.87g。

《鸟语花香》，张葆田款，
重:63.87g。

《高山流水》，毕荣九款，
重:52.69g。

《仕女图》，孙星伍款，
重:54.68g。

《恩爱有加》，叶仲三款，
重:59.58g。

《一鸣惊人》，张葆田款，
重:46.19g。

《端王府》，叶仲三款，
重:38.37g。

《深山秀色》，张葆田款，
重:46.98g。

《春归》，甘煊文款，
重:58.07g。

《鸟语花香》，孙星伍款，
重:57.97g。

《猴戏图》，丁二仲款，
重：131.37g。

《三人行》，丁二仲款，
重：139.47g。

《一鸣惊人》，周乐元款，
重：86.93g。

《秋收图》，周乐元款，
重：100.27g。

《冬日》，叶仲三款，
重：125.07g。

《秋收图》，周乐元款，
重：86.07g。

《冬日》，叶仲三款，
重:116.47g。

《诸事如意》，丁二仲款,
重:77.97g。

《冬晨》，丁二仲款,
重:69.28g。

《捕蝉》，丁二仲款,
重:117.67g。

《相依》，马少宣款,
重:73.97g。

《草虫图》六方壶，周乐元款,
重:86.47g。

《红香》,红发晶,叶仲三款,
重:55.48g。

《年年有余》,幽灵发晶,叶仲三款,
重:78.78g。

《莲动鱼戏》水晶鼻烟壶,魁德田款,
重:54.88g。

《双雁》,幽灵水晶,
重:40.58g。

《趣》,幽灵水晶,
重:62.18g。

《双雁》,绿幽灵水晶,
重:57.98g。

《秀山》，白水晶，
重:74.27g。

《封猴》，幽灵水晶，
重:61.68g。

《一马当先》，幽灵水晶，
重:73.17g。

《虫趣》，幽灵水晶，
重:56.87g。

《秋趣》，幽灵水晶，
重:49.18g。

《把把壶》，发晶，
重:32.18g。

《深山访友》水晶鼻烟壶，
重:48.67g。

《谷雨》水晶鼻烟壶，珐琅彩，
重:71.09g。

《金蟾》水晶鼻烟壶，
重:90.98g。

《溪山仙隐》方形水晶鼻烟壶，黄水晶，
重:69.08g。

《仕女图》水晶鼻烟壶，
重:77.68g。

《八破》水晶鼻烟壶，
重:152.28g。

《徐府年年有余》水晶鼻烟壶，
重:57.08g。

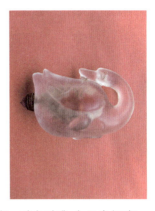

《鹅如意，我如意》水晶鼻烟壶，
重:64.28g。

《端府》水晶鼻烟壶，
重:61.37g。

葫芦形水晶鼻烟壶，
重:61.37g。

《节节高》水晶鼻烟壶，
重:81.98g。

《山水图》水晶鼻烟壶，
重:46.68g。

《节节高》水晶鼻烟壶，
重：64.38g。

《猴戏图》水晶鼻烟壶，
重：111.58g。

《荷花》扁方形水晶鼻烟壶，
重：69.78g。

酒桶形水晶鼻烟壶，
重：79.58g。

《年年有余》元宝形水晶鼻烟壶，
重：61.27g。

《甲子秋月》水晶鼻烟壶，
重：99.33g。

《虎啸》水晶扳指，镶银，
重：57.08g。

《节节高》水晶鼻烟壶，
重：58.48g。

《荣府》水晶鼻烟壶，母子壶，
重：175.18g。

《草虫图》佛手形水晶鼻烟壶，母子壶，
重：157.08g。

《仕女图》水晶鼻烟壶，马少宣款，
重：66.98g。

《弥勒佛》水晶（带皮）鼻烟壶，毕荣九款，
重：131.48g。

《渔舟唱晚》水晶鼻烟壶，绿幽灵水晶，张葆田款，
重：127.58g。

《教子图》水晶鼻烟壶，马少宣款，
重：53.18g。

《招财进宝》貔貅吊坠，铜水晶，
长：4.50cm，宽：3.00cm，高：2.20cm，
重：56.28g。

《笑口常开》弥勒佛吊坠，水晶，钛晶，
重：85.07g。

《雄踞天下》螭龙吊坠，水晶，钛晶，
重：101.78g。

《年年有余》水晶鼻烟壶，孟子受款，
重：74.18g。

《山水图》水晶鼻烟壶，周乐元款，
重:67.28g。

《虫趣》水晶鼻烟壶，发晶，幽灵水晶，周乐元款，
重:54.18g。

《比翼鸟》水晶鼻烟壶，发晶，幽灵水晶，
重:105.57g。

《江北初秋》水晶鼻烟壶，幽灵水晶，
重:62.18g。

《冬雪》水晶扳子，水晶，
直径:3.20cm，高:2.70cm，重:50.78g。

《趣味》水晶鼻烟壶，王霞款，
重:37.37g。

《趣味》水晶鼻烟壶，王霞款，重：42.67g。

《趣味》水晶鼻烟壶，王霞款，重：35.37g。

《趣味》水晶鼻烟壶，王霞款，重：41.77g。

《趣味》水晶鼻烟壶，王霞款，重：45.67g。

《趣味》水晶鼻烟壶，王霞款，重：114.68g。

《趣味》水晶鼻烟壶，王霞款，重：32.80g。

《趣味》水晶鼻烟壶，王霞款，
重：37.38g。

《高士图》水晶鼻烟壶，王霞款，
重：156.47g。

《青山图》水晶鼻烟壶，王霞款，
重：143.17g。

《深山访友》水晶鼻烟壶，发晶，王霞款，
重：86.60g。

《大吉图》水晶鼻烟壶，王霞款，
重：161.77g。

《美猴图》水晶鼻烟壶，王霞款，
重：101.97g。

《渔乐图》水晶鼻烟壶，王霞款，
重：151.37g。

《青山图》水晶鼻烟壶，王霞款，
重：78.67g。

《高士图》水晶鼻烟壶，王霞款，
重：161.68g。

《前程似锦》水晶鼻烟壶，王霞款，
重：143.28g。

《事事如意》水晶鼻烟壶，兔毛水晶，王霞款，
重：77.87g。

《前程似锦》水晶鼻烟壶，绿幽灵水晶，王霞款，
重：33.08g。

《福禄》水晶鼻烟壶,王霞款,
重:131.98g。

《趣味》水晶鼻烟壶,王霞款,
重:34.88g。

《富贵绵长》乾隆御制款,琉璃,
重:130.77g。

《庆王妃》,琉璃,马少宣款,
重:91.37g。

《鸟语花香》雍正年制款,琉璃,
重:97.87g。

《婴戏图》乾隆年制款,琉璃,
重:104.17g。

《福在眼前》，琉璃，
重：51.98g。

水盂，乾隆款，琉璃，
重：56.08g。

《年年有余》，琉璃，
重：51.98g。

《鸟语花香》，琉璃，
重：126.49g。

《财福相随》，无款，琉璃，
重：68.18g。

花篮形鼻烟壶，琉璃，
重：81.98g。

《松鼠葡萄》琉璃鼻烟壶，
重:79.58g。

《福在眼前》琉璃鼻烟壶，琉璃，
重:69.88g。

《六方壶》，无款，琉璃，
重:99.88g。

《苍水虬》瓷质鼻烟壶，
重:49.38g。

《犬守祥宅》鼻烟壶，琉璃，马少宣款，
重:55.48g。

《繁花似锦》套壶，乾隆御制款，琉璃，
鎏金，
重:76.68g。

《财福相随》套壶，乾隆御制款，琉璃，鎏金，
重：110.18g。

《宋子文张乐怡》双头鼻烟壶，琉璃，马少宣款，
重：85.68g。

《家国情怀》高士图鼻烟壶，乾隆年制款，琉璃，
重：108.98g。

《农人》聊斋故事鼻烟壶，琉璃，张文堂款，
重：66.28g。

《草虫图》琉璃鼻烟壶，道光年制款，
重：75.78g。

《童趣》琉璃鼻烟壶，雍正年制款，
重：121.68g。

《草虫图》琉璃鼻烟壶，雍正年制款，
重：121.98g。

《那桐谢佳氏》琉璃鼻烟壶，马少宣款，
重：92.58g。

《翠竹桃红》琉璃鼻烟壶，鎏金，孙星伍款，
重：70.78g。

《龙跃云飞》套壶，乾隆款，琉璃，
重：115.38g。

《江山万里图》鼻烟壶，雍正年制款，琉璃，鎏金，
重：97.98g。

《促织》双耳瓶鼻烟壶，琉璃，
重：97.98g。

《四大美人》房屋形瓶鼻烟壶，琉璃，鎏金，
重:97.98g。

《乙亥秋日》鼻烟壶，琉璃，叶仲三款，
重:57.88g。

《月夜》鼻烟壶，琉璃，叶仲三款，
重:62.98g。

《深谷幽鸣》鼻烟壶，琉璃，叶仲三款，
重:54.17g。

《乙亥秋日》鼻烟壶，琉璃，叶仲三款，
重:57.88g。

《事事如意》鼻烟壶，琉璃，汤子川款，
重:42.27g。

《万紫千红》鼻烟壶,琉璃,汤子川款,
重:46.18g。

《瓜瓞绵延》鼻烟壶,琉璃剔花,无款,
重:89.18g。

《福在眼前》鼻烟壶,乾隆年制款,琉璃,
重:102.07g。

《虎》鼻烟壶,琉璃,无款,
重:57.68g。

碧玺《金蟾》挂件,
重:29.47g。

《亿年之水》水晶手摆件,
重:82.37g。

《笑口常开》吊坠，钛晶，
重:41.58g。

《观音菩萨》吊坠，钛晶，
重:37.57g。

《招财貔貅》，白水晶，
重:108.17g。

《牛毛纹》发晶手串，
重:152.52g。

《葫芦》紫水晶手把件，发晶，
重:445.38g。

《貔貅》水晶摆件，发晶，钛晶，
长:11.00cm，宽:7.50cm，高:7.50cm。

碧玺手串，
重：76.47g。

《携子上朝》金蟾摆件，钛晶，
长：11.50cm，宽：13.50cm，高：8.50cm。

《三童捧寿》水晶摆件，钛晶，
长：10.00cm，宽：6.50cm，高：14.00cm。

《平平安安》水晶吊坠，钛晶，
重：24.58g。

《南天一柱》山形水晶原石摆件，
长：15.00cm，宽：10.00cm，高：11.00cm。

铜发晶水晶球，
直径：8.00cm，重：695.68g。

《平平安安》水晶摆件，
重:391.48g。

《观音大士》吊坠，水晶，
重:32.18g。

《财福相随》水晶吊坠，绿幽灵水晶，
重:8.18g。

《招财猫》摆件，水晶，金发晶，
长:22.00cm，宽:13.50cm，高:18.00cm，
重:5.50kg。

《三国演义》人物故事水晶鼻烟壶，孙星伍作，
长:3.50cm，宽:1.50cm，高:8.80cm，
重:68.59g。

《荷塘雅趣》水晶鼻烟壶，水晶，幽灵带发，椭圆形，
底长:2.90cm，底宽:2.20cm，高:8.90cm，
重:76.47g。

模块十四　青金石

一、青金石的产地

就世界范围来说,青金石的主要产地为阿富汗、智利、加拿大等国。我国至今未发现青金石矿床。

(一)青金石的分布

青金石主要由青金石、方解石和黄铁矿组成。

阿富汗巴达克山的青金石矿区是世界上最著名的青金石产地,已有6000年的开采史。所产青金石多为蓝紫色、蓝色,颜色鲜艳而均匀,没有或内含一点黄铁矿,几乎不含方解石,是世界上最优质青金石的主要来源。所谓的波斯青金石,实际上是来自巴达克山。

(二)青金石的品种

按照市场上的传统习惯,青金石可分为两个品种、三个等级。

两个品种,就是阿富汗出产的和阿富汗以外国家出产的。

三个等级,就是宝石一级、宝石二级和宝石三级。

(1)宝石一级:略带紫色的深蓝色,颜色分布均匀,光泽强烈,完全不含黄铁矿和方解石。

(2)宝石二级:纯净蓝色或带紫蓝色,颜色分布均匀,光泽强烈,完全不含黄铁矿和方解石。

(3)宝石三级:光学特征同宝石一级和宝石二级,但含黄铁矿,黄铁矿呈引人注目的星点状分散分布。

一般认为,只有阿富汗出产的青金石,才能达到宝石一级。

二、青金石——药师佛的化身

地质学家章鸿钊先生在《石雅》一书中说:"青金石色相如天,或又金屑散乱,光辉灿灿,若众星之丽于天。"千百年来,青金石因其鲜艳的蓝色,不但为广大人民群众所喜爱,而且深受古代帝王的青睐,也被称为"帝王青"。

此外,青金石的闻名还和它的一个佛教传说有着密切关系。佛教传说,青金石是药师佛的化身。

药师佛也叫药师如来,全称为药师琉璃光如来,有人称其为大医王佛,或消灾延寿药师佛,为东方琉璃世界的教主。药师本用于比喻能治众生贪、嗔、痴的医师。它与日光菩萨、月光菩萨合称为"药师三尊"。

由此,我们可以看出药师如来在佛家的地位,所以佛教中的一些人认为经常佩戴青金石饰品能够得到药师佛的庇佑,青金石饰品有着驱除病气和强身健体之效用。

除传说以外,青金石具有的药用保健价值也是不容忽视的。它对于失眠、焦虑、头晕、头痛等多种症状有着明显的缓解作用。

【拓展阅读】

神秘青金石:受埃及法老艳后、中国古代帝王青睐

我国近代考古地质学奠基人章鸿钊先生1921年在《石雅》一书中提到,中国早在4000年前的三代之初就已经应用青金石了。

皇室延续了使用青金石祭天的传统。《清会典图考》载:"皇帝朝珠杂饰,唯天坛用青金石,地坛用琥珀,日坛用珊瑚,月坛用绿松石。皇帝朝带,其饰,天坛用青金石,地坛用黄玉,日坛用珊瑚,月坛用白玉。"青金石因色相如天,按典制规定而常被皇室用来装饰天坛和祭祀上天。至于清代帝后们的各色首饰和仪礼用品,使用青金石的也很普遍,如清宫遗存中价值最高和最贵重的文物——乾隆生母金发塔,其塔座和龛边就镶嵌了很多青金石。

【延伸阅读】

1.《帝王谷连现新陵墓 "埃及艳后"将重见天日》,CCTV.COM 央视国际。
2.《宝石档案·色相如天——青金石》,CCTV-2 财经频道。
3.《阿富汗"国石"青金石饰品价格走高》,CCTV-2 财经频道。

思考与练习

一、单项选择题

1.(　　)属于佛教七宝之一,但我国至今未发现该矿床。
  A.独山玉　　　　B.孔雀石　　　　C.绿松石　　　　D.青金石
2.(　　)巴达克山的青金石矿区是世界上最著名的青金石产地。
  A.阿富汗　　　　B.智利　　　　　C.缅甸　　　　　D.泰国
3.佛教传说(　　)是药师佛的化身。
  A.绿松石　　　　B.青金石　　　　C.和田玉　　　　D.孔雀石

二、多项选择题

1. 青金石主要由（　　）组成。
   A. 红铁矿　　　　B. 方解石　　　　C. 黄铁矿　　　　D. 青金石
2. 青金石的主要产地有（　　）等国。
   A. 阿富汗　　　　B. 智利　　　　　C. 英国　　　　　D. 加拿大
3. 常说的青金石通常分级有（　　）。
   A. 宝石一级　　　B. 宝石二级　　　C. 宝石三级　　　D. 宝石四级
4. （　　）合称为"药师三尊"。
   A. 药师如来　　　B. 日光菩萨　　　C. 如来菩萨　　　D. 月光菩萨

三、思考题

1. 中国出产青金石吗？
2. 青金石是什么石头？
3. 青金石的主要产地在哪里？
4. 青金石是如何分级的？
5. 青金石有药用价值吗？

宝玉石投资实务

教学图鉴

《青金石》宅镇，
长：27.50cm，宽：16.10cm，高：11.50cm，
重：11.50kg。

青金石摆件，
长：21.00cm，宽：15.00cm，高：25.50cm。

《观音菩萨》青金石摆件，
长：6.50cm，宽：3.50cm，高：19.30cm，
重：593.98g。

《貔貅》青金石方纽，
长：6.30cm，宽：5.00cm，高：9.10cm，
重：682.37g。

《有求必应》青金石手把球，三个，
共重：655.00g。

青金石项链，配南红玛瑙吊坠，
重：57.38g。

模块十五　孔雀石

一、孔雀石的产地

（一）孔雀石的分布

美国亚利桑那州的莫伦西、新墨西哥、犹他和内华达等地，均产出优质的孔雀石；俄罗斯乌拉尔山、法国里昂附近的切斯、墨西哥北部等地也是孔雀石的重要产地。此外，中国、澳大利亚、法国、智利、英国、巴西和罗马尼亚等国都是孔雀石的产地。

我国的孔雀石主要集中在广东阳春、湖北大冶和赣西北，品质和产量以阳春为首。孔雀石的生成主要是岩石中的铜矿物氧化产生铜绿，把整块岩石染成绿色，且这种绿色与孔雀的羽毛相仿，因此，地质人员将之命名为孔雀石。

（二）孔雀石的品种

孔雀石可以分为普通孔雀石、孔雀石宝石、孔雀石猫眼石、青孔雀石。

【拓展阅读】

中国影像方志·广东阳春篇

广东省博物馆的宝玉石展厅中陈列着一块集钟乳状、葡萄状、洞体等形态于一身的孔雀石，它来自广东阳春。

阳春，是我国岭南地区地质资源最丰富的城市之一，亿万年前的地壳运动，使得这里形成了许多热液型的中小型矿脉，为孔雀石的形成创造了天然条件。

阳春孔雀石作为一种观赏石，备受世界玉石收藏爱好者的青睐。2003年12月，阳春市被中国收藏家协会授予"中国孔雀石之乡"的称号。

二、孔雀石——深藏在湖底的宝石

（一）孔雀石的传说

在广东省阳春市，流传着一个美丽动人的传说：美丽的孔雀姑娘爱上了阳春的小伙子亚文，私自下凡与亚文结为夫妻，因为触犯天条，被玉皇大帝压在大山之下，化作美丽的孔雀石。广东阳春的孔雀石贮藏量最为丰富,20世纪70年代初,一车车孔雀石从这里被挖出,直接送进炼铜炉,而今,昔日的矿坑变成了一汪碧绿的湖水,与20世纪相比,现在采掘孔雀石更加困难了,要到湖底挖掘,所以孔雀石也被称为"深藏在湖底的宝石"。

(二)阳春市——中国孔雀石之乡

千百年来,采挖孔雀石、收藏孔雀石、评石、赏石成了阳春人生活的重要内容,孔雀石早已经融进阳春人的日常生活中;孔雀石带给阳春人精神上的满足和快乐,远不是其价格能够衡量的,它已经被阳春人赋予了更丰富的精神特质;在阳春市中心广场,端正放置着一块重近10吨的孔雀石,它是当今中国单块孔雀石重量之最。2003年12月,阳春市被中国收藏家协会授予"中国孔雀石之乡"的称号。

> **延伸阅读**
>
> 1.《中国影像方志·广东阳春篇》,CCTV-1科教频道。
> 2.《阳春——孔雀石》,CCTV-4央视国际。
> 3.《孔雀石:深藏在湖底的宝石》,CCTV-4央视国际。
> 4.《中国影像方志 近10吨!它的重量是当今中国单块孔雀石之最》,CCTV-10科教频道。

思考与练习

一、单项选择题

1.孔雀石的生成主要是岩石中的铜矿物氧化产生(　　),把整块岩石染成绿色,因而,地质人员将之命名为孔雀石。
　A.铜斑　　　　　B.铜红　　　　　C.铜锈　　　　　D.铜绿

2.当今中国单块孔雀石之最——重量近10吨的孔雀石,现存放在(　　)市中心广场。
　A.广东阳春　　　B.浙江青田　　　C.湖北武汉　　　D.新疆喀什

3."深藏在湖底的宝石"说的是(　　)。
　A.和田玉　　　　B.鸡血石　　　　C.田黄　　　　　D.孔雀石

二、多项选择题

1.国际上孔雀石的主要产地有(　　)等国。
　A.美国　　　　　B.俄罗斯　　　　C.法国　　　　　D.墨西哥

2.在我国,孔雀石的产地主要集中于(　　)等。
　A.新疆天山　　　B.广东阳春　　　C.湖北大冶　　　D.赣西北

3.孔雀石的分级(　　)。
　A.普通孔雀石　　B.孔雀石宝石　　C.孔雀石猫眼石　D.青孔雀石

三、思考题

1. 国际上孔雀石主要分布于哪些国家?
2. 孔雀石有哪些种类?
3. 崇拜孔雀石的主要是哪些国家?
4. 中国的孔雀石产地有哪些?

宝玉石投资实务

教学图鉴

孔雀石手把件，
重:432.89g。

孔雀石手链，
重:21.38g。

模块十六　玛瑙

一、玛瑙的产地

"玛瑙"一语来源于佛经。梵语本名"阿斯玛加波",意为"马脑",后来演化为"玛瑙"一词。我国许多古代文献中均有玛瑙的记载。汉代以前的史书,称之为"琼玉"或"赤玉",佛教传入我国后,才改称"玛瑙"。

玛瑙的分布非常广泛,巴西、美国、俄罗斯、印度、波斯、日本以及非洲等国家和地区都有出产。我国则集中在新疆、云南、四川、甘肃、广西、内蒙古和东北三省等地区。

二、玛瑙——千种玛瑙万种玉

玛瑙不但分布广泛,而且品种繁多。自古以来就有"千种玛瑙万种玉"之说。就投资的角度来讲,南红、战国红等缟玛瑙属于首选品种。

缟玛瑙指具有缟状纹带的玛瑙。这种玛瑙有着非常细的平行纹带,颜色相对简单、条带相对平直,常见的缟玛瑙会有黑白相间的条带,或红白相间的条带。

缟,原指白色丝制品,其纹理细密如丝;历史上以曲阜所产尤为轻细,称鲁缟。《三国演义》第四十三回诸葛亮舌战群儒中,孔明曰:"此所谓强弩之末,势不能穿鲁缟者也。"

通常说的缠丝玛瑙,其实就是缟玛瑙。

(一) 南红玛瑙

南红玛瑙,古称"赤玉",质地细腻油润,是我国特有的品种,产量稀少,在清朝乾隆年间就已开采殆尽,所以南红玛瑙价格急剧上升。其名字源于它产自云南,所以叫"南红玛瑙"。现在,南红玛瑙主要产于以下三个地方,而市面流行的则以四川大凉山美姑县出产的居多。

(1) 年轻的南红玛瑙产地——四川大凉山美姑县。

(2) 古老的南红玛瑙产地——云南保山。

(3) 最好的南红玛瑙产地——甘肃迭部县。

(二) 战国红玛瑙

战国红玛瑙是玛瑙的一种。这种玛瑙其实和战国时期没有什么关系,其赏玩历史也上溯不到战国时代。只不过这种玛瑙刚被发现时,还没有确切的名称,又因为它比较像战国时期一个墓葬中出土的缟红玛瑙而得名。

河北宣化和辽宁阜新北票是国内南北两大战国红玛瑙产地。宣化产的战国红玛瑙,人称"琼玉";阜新北票的则叫"赤玉"。

三、天珠——一珠易良马,三珠抵高楼

说起天珠,人们自然而然地会想到西藏。天珠,其实就是"藏族让炯艺术","让炯"是藏语音译,意为自然天成,特指自然天成的佛、法、僧三宝,它是青藏高原特有的一种文化。

藏族让炯艺术是可以传承的,以实物形态出现的天木、天珠、天铁、天铜、天石等让炯艺术,则更加为收藏者所青睐。

天珠的主要制作材料为玛瑙,天珠可分为人工制作和天然形成两个类别,其原始配制方法是,藏族当地人开始采用一种含玉质及玛瑙成分的沉积岩打磨天珠;后来用草药配制颜色在玛瑙上人工绘制图案,之后高温烧制成天珠。这种古老的加工方法已经失传,所以这部分天珠存世量非常有限,价格极为昂贵,故《新唐书》有云:一珠易良马,三珠抵高楼。

目前市场上流通的天珠绝大部分是人工制作的,其图案都是用含铅的涂料画上去,之后用高温烧制的,充其量只能算是"天珠仿制品"。

> **延伸阅读**
>
> 1.《〈天工开物〉记载了关于玛瑙出产地的资料》,CCTV-10科教频道。
> 2.《收藏千种玛瑙万种玉 且看玛瑙的收藏价值》,CCTV-4央视国际。
> 3.《玉之髓》,CCTV.COM。
> 4.《藏族考古家:坊间天珠九成可能是假》,CCTV-4央视国际。
> 5.《南红玛瑙为什么身价昂贵?》,CCTV-2财经频道。
> 6.《"战国红"玛瑙形成的地质环境苛刻 数量非常稀少》,CCTV-10科教频道。

思考与练习

一、单项选择题

1.《新唐书》记载:一珠易良马,三珠抵高楼,主要是指( )。
   A.天珠　　　　　B.孔雀石　　　　　C.翡翠　　　　　D.和田玉

2.天珠的主要制作材料是( )。
　　A.和田玉　　　　　B.水晶　　　　　C.翡翠　　　　　D.玛瑙
3.所谓缠丝玛瑙,就是( )。
　　A.红玛瑙　　　　　B.白玛瑙　　　　C.缟玛瑙　　　　D.黑玛瑙
4.药师天珠,又称圆线珠,可当( )使用,以佛教弟子修持药师法门为甚。
　　A.配珠　　　　　　B.念珠　　　　　C.隔珠　　　　　D.顶珠

二、多项选择题

1.藏族让炯艺术是藏族非物质文化遗产项目。"让炯"是藏语音译,意为自然天成,特指自然天成的( ),它是青藏高原特有的一种文化。
　　A.佛　　　　　　　B.法　　　　　　C.僧　　　　　　D.神
2.让炯艺术分不可收藏和可收藏两大类,可收藏类按材质分为( )等类别。
　　A.天珠　　　　　　B.天铁　　　　　C.天石　　　　　D.天木
3.我国南红玛瑙的主要产地有( )等。
　　A.四川美姑县　　　B.云南保山　　　C.云南昆明　　　D.甘肃迭部县
4.我国战国红玛瑙产地有( )等。
　　A.河北宣化　　　　B.河北曲阳　　　C.辽宁北票　　　D.辽宁岫岩

三、思考题

1.史书记载:一珠易良马,三珠抵高楼,是什么意思?
2.西藏首次考古出土古天珠,距今多少年?
3.天珠的主要制作材料是什么?
4.目前市场上流通的天珠,其图案是怎么形成的?
5.缠丝玛瑙是什么玛瑙?

宝玉石投资实务

教学图鉴

《明眸善睐》玛瑙天珠吊坠，缠丝玛瑙，缟玛瑙，
重:8.67g。

《黑眼睛》玛瑙原石头，玛瑙水晶共生体，
重:58.58g。

《药师天珠》一线天手串，缠丝玛瑙，
重:127.57g。

《药师天珠》念珠手串，项链两用款，缠丝玛瑙，
重:69.57g，108粒。

《天之眼》南红玛瑙吊坠，
重:15.38g。

《中国天眼》南红吊坠，
重:40.80g。

《花开富贵》南红玛瑙吊坠，极品保山红白料，俏色巧雕，夹板冻石，
重:28.98g。

《财福相随》吊坠，南红玛瑙，
重:39.50g。

《善财弥勒》南红玛瑙搭链，吊坠，
重:44.18g。

《螭龙如意纽》，南红玛瑙，
长:2.10cm，宽:1.20cm，高:4.88cm，
重:31.26g。

《龙头纽》，南红玛瑙，
长:1.90cm，宽:1.70cm，高:3.70cm，
重:32.93g。

南红玛瑙方素纽，
长:1.60cm，宽:1.50cm，高:4.18cm，
重:24.87g。

南红玛瑙特色圆素纽，
直径:2.30cm，高:4.00cm，重:42.27g。

《一品清廉(莲)》手把件，亦可作摆件，南红玛瑙，
长:5.20cm，宽:1.50cm，高:10.30cm，重:139.87g。

《鸿运当头》吊坠，南红玛瑙，冰飘，俏色巧雕，
重:65.98g。

《梅瓶》吊坠，南红玛瑙，冰飘，俏色巧雕，
重:28.87g。

《一叶封尊》鸿运当头吊坠，南红玛瑙，高冰，
重:9.677g。

《年年有余》红玛瑙鼻烟壶，
重:52.28g。

《鸿运当头》南红玛瑙,冰飘,俏色巧雕,
重:11.08g。

《高官厚禄》吊坠,南红玛瑙,
重:38.18g。

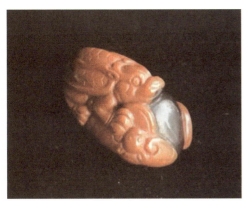

《荣归》吊坠,南红玛瑙,保山南红包裹黑
母岩,俏色巧雕,圆雕,
重:13.10g。

刘关张《三国演义》人物故事,南红玛瑙,
冰飘,俏色巧雕,
重:65.98g。

《鸿运当头》南红玛瑙摆件,保山南红,
重:11.50kg。

《貔貅》玛瑙摆件,
重:703.88g。

一线天玛瑙手串，
重：126.318g。

玛瑙手串，一线珠，
重：98.88g。

《貔貅》彩色玛瑙摆件，
长：15.50cm，宽：8.00cm，高：8.00cm，
重：519.58g。

玛瑙天珠摆件，
长：13.50cm，宽：7.50cm，高：4.00cm。

玛瑙天珠摆件，
长：9.50cm，宽：8.50cm，高：6.50cm，
重：519.58g。

《玛瑙天珠》吊坠，玛瑙，
重：17.24g。

模块十七 琥珀

【拓展阅读】

地球宝藏·琥珀传说

琥珀,是我们熟悉的一种宝石,早在石器时代,人们就开始对琥珀进行打磨、加工,将其制作成各种猎物的形状。20世纪70年代,我国辽宁省抚顺市悄然兴起了一种职业——砸煤黄。为了考察琥珀形成的原因,有人专门来到辽宁抚顺的西露天矿一探究竟。这里有大量的松柏科植物,可以分泌松脂。而且由煤矿最上层的绿色页岩层可以知道,这里以前是一片沼泽地,松脂滴落后会被沼泽掩埋,这为琥珀的形成提供了合适的条件。最后这些松脂与植物一起经历高温高压等过程,形成了琥珀和煤。

一、琥珀的产地

就世界范围来说,已知的琥珀产地有100多个,而且每年还在发现新的挖掘点。但是各产地的产量却大相径庭。

说到琥珀,人们往往会联想到蜜蜡。从形成的原理来看,蜜蜡和琥珀相同,都是植物的树脂,只不过时间短一点的叫蜜蜡,时间长一点的叫琥珀。所谓"千年蜜蜡,万年琥珀"就是这个意思。换一种说法,琥珀是蜜蜡的高级形态,但是高级与否,是不能简单由透明与不透明来界定的。界定它们的一个重要指标:里面有没有包裹小昆虫之类,如果有包裹小昆虫之类,就可以叫琥珀,哪怕是不透明的;但是如果没有包裹小昆虫之类,则只能叫蜜蜡,哪怕是透明的。

(一)琥珀的分布

全世界已知的100多个琥珀产地中,产量比较大的有三个地区。

(1)亚洲有中国和缅甸,而我国的抚顺琥珀产量则相对较少。

(2)欧洲波罗的海沿岸国家盛产琥珀,其中俄罗斯的加里宁格勒是全世界最大的琥珀产地。

(3)美洲则以多米尼加和墨西哥产量较大,多米尼加还出产特有的蓝色琥珀,俗称蓝珀。

最为著名的、琥珀的最大产地,当属波罗的海,而波罗的海最著名的则是俄罗斯的加里宁格勒,它是俄罗斯最西部的城市,被白俄罗斯和立陶宛隔开,是俄罗斯的一块"飞地",这里生产的琥珀占世界总产量的90%,加里宁格勒有"琥珀之都"的称号,其蕴藏的琥珀仍将能开采 100 年。

> **【拓展阅读】**
>
> **考察俄罗斯蜜蜡琥珀商城**
>
> 　　2017 年 8 月，我与全国各地高等学校的 30 余位老师一起前往俄罗斯考察，在海参崴最大的蜜蜡、琥珀商城，发现这里的许多"琥珀"成品实际上为"二代琥珀"和"二代蜜蜡"。因规定不允许拍照录像，因而，所拍照片较为有限。
>
>
>
> 海参崴最大的蜜蜡、琥珀商城的"琥珀"成品

（二）琥珀的品种

1. 从成因上分，琥珀可以分为海珀、矿珀和花珀。

（1）海珀。以波罗的海沿岸国家（如波兰、俄罗斯、立陶宛等）出产的海珀最为著名，海珀透明度高，质地晶莹，晶质极佳。

（2）矿珀。主要分布于缅甸和中国抚顺。常产于煤层中，与煤精伴生。抚顺的琥珀年代久远，晶质坚韧。

（3）花珀。更是珍稀的品种，多米尼加琥珀折射的是一种热带森林景象，它们中含有大量的昆虫和植物，因而，科学家和收藏家对其充满浓厚的兴趣。

2. 从结果（颜色）上分，琥珀可以分为血珀、蓝珀和花（虫）珀。

血珀和花（虫）珀比较好理解，主要是因为颜色鲜艳，或者包裹有"花鸟虫鱼"等，多米尼加蓝珀是因为在荧光灯下散发紫蓝色光芒，所以叫蓝珀。

实际上，两种分法不排除有重复的可能。

二、琥珀——千年蜜蜡，万年琥珀

【拓展阅读】

《消费主张》点石成金——明眼看琥珀

在价格奇高的利益驱动下，市场上出现了人为制造的琥珀，即"人工琥珀"，也就是"赝品琥珀"。一般来说，鉴别天然琥珀和人工琥珀有如下五种方法。

(1) 实验：天然琥珀质地很轻，当把它(无任何镶嵌物的)放入水中时，它会沉入水底。若将溶解的浓盐水加入其中，当盐的浓度大于1：4时(1份盐,4份水)，真琥珀就会慢慢浮起，假琥珀则浮不起来。

(2) 声音：将无镶嵌的琥珀链或珠子拿在手中轻轻揉动会发出柔和、略带沉闷的声音。而如果是塑料或树脂，发出的声音则比较清脆。

(3) 香味：琥珀在摩擦时只会散发一点很淡的味，或者干脆闻不到味道。摩擦时会产生香味的琥珀叫"香珀"。一般琥珀只有燃烧时才会散发松香味。

(4) 眼观察：这是鉴别真假琥珀的绝招。真琥珀的质地、颜色、透明度、折光率等会随着观察角度等的变化而变化。这是其他物质所不具备的。就像识别真假人，高超的艺术家能制造出惟妙惟肖的人物蜡像，但再好的蜡像我们的眼睛都能识别。假琥珀要么很透明要么不透明，颜色发死、发假。假琥珀内部的人工制作琥珀花很刺眼，会散发死气沉沉的冷光。长时间接触琥珀以后，凭直觉我们就能辨别其真伪。

(5) 硬度实验：用针呈20°~30°角轻轻斜刺琥珀背面(选择不会对琥珀造成伤害的位置)，会出现轻微的暴裂感并产生细小的粉渣。如果是塑料或别的物质，则要么扎不动，要么给人很黏的感觉。

延伸阅读

1.《琥珀传说》，CCTV-10科教频道。
2.《波兰 琥珀——"波罗的海黄金"》，CCTV-4中文国际频道。
3.《世界珍宝——琥珀(下)·岁月的结晶》，CCTV.COM环球频道。

4.《罕见琥珀包含"菊石"等 40 多种灭绝物种　可"还原"一亿年前海岸生态景观》,CCTV-10 科教频道。

5.《慧眼看收藏:琥珀可分为七个品种　如何辨别真伪?》,CCTV-2 财经频道。

6.《点石成金——明眼看琥珀》,CCTV-2 财经频道。

思考与练习

一、单项选择题

1.第二次世界大战期间,纳粹黄金列车上藏有被称作第八大奇迹的(　　)。
　A.琥珀宫　　　　　B.蜜蜡宫　　　　　C.白玉宫　　　　　D.黄金宫

2.俄罗斯的(　　),是全世界最大的琥珀产地。
　A.圣彼得堡　　　　B.伏尔加格勒　　　C.加里宁格勒　　　D.海参崴

3.多米尼加蓝珀,其实就是(　　)的一种。
　A.花珀　　　　　　B.矿珀　　　　　　C.湖珀　　　　　　D.海珀

4.缅甸琥珀是世界上(　　)最高的琥珀,最适合用来雕刻。
　A.纯度　　　　　　B.硬度　　　　　　C.密度　　　　　　D.润度

5.加里宁格勒又被称为(　　)。
　A.欧洲玉都　　　　B.琥珀之都　　　　C.琥珀之乡　　　　D.世界玉都

二、多项选择题

1.从成因上分,琥珀可以分为(　　)
　A.海珀　　　　　　B.矿珀　　　　　　C.湖珀　　　　　　D.花珀

2."飞地"是一种特殊的人文地理现象,指隶属于某一行政区管辖但不与本区毗连的(　　)等形式的领土。
　A.土地　　　　　　B.河流　　　　　　C.高山　　　　　　D.湖泊

三、思考题

1.琥珀、蜜蜡的主要产地在哪里?

2.琥珀和蜜蜡是同一类东西吗?

3."琥珀之都"是指哪里?

4.中国出产琥珀吗?

5.蓝珀主要产自哪里?

宝玉石投资实务

教学图鉴

《鸟语花香》水晶鼻烟壶，琥珀盖，
重:44.27g。

《鸟语花香》水晶鼻烟壶，琥珀盖，
重:96.57g。

琥珀原石，辽宁抚顺产，
重:116.38g。

蜜蜡原石，
重:267.38g。

附录一

我国是"石头大国",在前面的《概论》里曾提到,我国除中国十大"国石"候选石外,还有许多其他的宝玉石,而在实际操作中,将有些石头归类到宝玉石中并不恰当,人们称它们为"奇石",如将福建华安玉归为"奇石"类可能更恰当。

"奇石"的一个重要特征,就是必须是"天然的",不能有"人工的"或者"人为的"修饰,具有这一特征的一些"天工天石",价值非常大,价格非常高,例如,《岁月》和《玛瑙雏鸡》都是奇石的杰出代表。

下面对国内一些有代表性的奇石作一简单介绍。

一、大化石

大化石是大化彩玉石的简称,是市场交易最为活跃的石种之一。学名"岩滩彩玉石",产于广西大化县岩滩的红水河段。

二、古铜石

古铜石,又称夜郎古铜石,因其色酷似古铜而得名。产于贵州省安顺市普定县三岔河流域马场一带,斯拉河、南盘江等地也有出产,但产量和品质均不及安顺马场。

三、龟纹石

龟纹石以它的裂纹纵横、雄奇险峻、酷肖名山而著名。该石虽属地埋石,但石质硬度较高,其独特之处在于天然石酷似龟较多。我国的青海、安徽、重庆、山东、湖南等省市均有产出。

四、米粒石

米粒石,是产于江西省上饶市三清山一带的一种奇石,石头表面看起来像已经煮熟的米粒撒在上面,当地人在家里都供奉这种石头镇宅,以祈求五谷丰登。

五、藏青玉

藏青玉,又名藏天玉、墨绿玉,产自西藏林芝地区。独籽粒状态下往往能够产出极品。

六、卡通石

卡通石在青海省、贵州省和广西壮族自治区均有出产,但以青海省出产的最为典型。2008年,青海省观赏石协会在审定省内主要观赏石名称时,因其造型夸张奇特,似卡通形象而命名为"青海卡通石"。

七、石胆石

石胆石,是产于广西柳州地区,石形呈扁圆或球状的奇石。分为水石胆和山石胆。产于柳州市柳江山中的为山石胆,产于来宾市红水河中的为水石胆。

八、南丹铁陨石

南丹铁陨石是一种八面体陨铁,于1958年发现,坠落时间约为1516年6月,主要分布在广西南丹县境内,散布区长10km,宽3km,收集到的陨石共19块,总重量约9.5吨,散落民间和流落国外者数量不详。

九、灵璧石

灵璧石,因产于我国安徽省灵璧县而得名。灵璧石是著名的观赏石,讲究的是"瘦、漏、皱、透"等要素。

十、千层石

千层石也称积层岩,属于海相沉积的结晶白云岩,分布比较广泛,著名的有灵璧千层石和太行山千层石,石质均坚硬致密。

十一、古陶石

广西古陶石,产于广西桂林地下河溶洞深处,因如古陶而得名。

> **延伸阅读**
>
> 1.《中国影像方志·大化篇·大化奇石》,CCTV-10 科教频道。
> 2.《因石而狂》,CCTV-4 中文国际频道。
> 3.《形成龟甲纹和龟背石的原理》,CCTV-10 科教频道。
> 4.《三清山米粒石,饿了就啃上几口》,三清山官网。
> 5.《台湾瑰宝——赏石文化》,CCTV.COM。
> 6.《南丹:寻找"天外来客"》,CCTV.COM。
> 7.《灵璧石》(纪录片),CCTV.COM。
> 8.《"千层石蛋"的形成原理》,CCTV-10 科教频道。
> 9.《哈密探奇(上):戈壁滩上发现什么罕见奇石》,CCTV-10 科教频道。

宝玉石投资实务

教学图鉴

《财福相随》大化石摆件,
长:21.00cm,宽:11.00cm,高:38.00cm,
重:33.00kg。

《南天一柱》柱形大化石摆件,
长:12.00cm,宽:11.00cm,高:33.00cm,
重:12.50kg。

《独占鳌头》大化石摆件,
长:76.00cm,宽:36.00cm,高:32.00cm,
重:210.00kg。

《更上一层楼》山形大化石摆件,
长:17.00cm,宽:14.00cm,高:19.50cm,
重:8.00kg。

《招财进宝》乌江石摆件,
长:22.00cm,宽:8.80cm,高:12.00cm,
重:5.50kg。

《双峰并秀》财福相随摆件,大化石,
长:51.00cm,宽:36.00cm,高:40.00cm,
重:94.00kg。

《双乳峰》财福相随摆件，大化石，
长:45.00cm，宽:25.00cm，高:34.00cm，
重:91.50kg。

《峰峦叠嶂》财福相随摆件，大化石，
长:45.00cm，宽:24.00cm，高:34.00cm，
重:93.50kg。

《佛佑天下》财福相随摆件，大化石，
长:42.00cm，宽:38.00cm，高:15.00cm，
重:46.50kg。

《步步高》山子摆件，大化石，
长:38.00cm，宽:36.00cm，高:35.00cm，
重:126.50kg。

《佛佑天下》古铜石宅镇，圆形，球形，
象形，
长:45.00cm，宽:45.00cm，高:33.00cm，
重:140.00kg。

《千年神龟》古铜石宅镇，象形，
长:57.00cm，宽:38.00cm，高:16.00cm，
重:80.00kg。

《纵横捭阖》古铜石摆件，圆形，
直径：28.08cm，重：17.50kg。

《睥睨天下》古铜石摆件，圆形，
直径：17.50cm，重：7.50kg。

《彩云追月》古铜石摆件，圆形，
直径：15.00cm，重：3.25kg。

《演说家》古铜石摆件，人脸形，
长：22.00cm，宽：10.00cm，高：26.00cm，
重：19.00kg。

《平步青云》古铜石摆件，大脚板，
长：50.00cm，宽：15.00cm，高：33.00cm，
重：30.50kg。

《纵横天下》古铜石摆件，圆形，
直径：21.00cm，重：12.50kg。

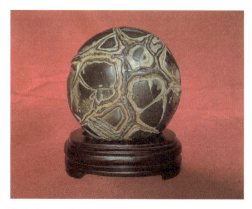

《满腹经纶》古铜石摆件,圆形,
直径:16.00cm,重:4.25kg。

《有求必应》古铜石摆件,球形,
直径:21.00cm,重:29.00kg。

《回头貔貅》古铜石摆件,
长:31.00cm,宽:19.00cm,高:21.00cm,
重:34.00kg。

《胸有成竹》古铜石宅镇,人形,
长:33.00cm,宽:13.00cm,高:38.00cm,
重:60.00kg。

《福袋》古铜石宅镇,
长:25.00cm,宽:21.00cm,高:33.00cm,
重:54.00kg。

《运载火箭》古铜石宅镇,圆锥形,
长:17.00cm,宽:17.00cm,高:53.00cm,
重:56.00kg。

《有求必应》古铜石宅镇，圆形，
长:32.00cm，宽:16.00cm，高:32.00cm，
重:64.00kg。

《有求必应》古铜石宅镇，圆形，
长:40.00cm，宽:18.00cm，高:40.00cm，
重:94.00kg。

《呱呱来财》藏青玉摆件，
长:27.50cm，直径:8.50cm，
重:3.75kg。

《老寿星》古铜石摆件，
长:25.00cm，宽:21.00cm，高:48.00cm，
重:34.00kg。

《睥睨天下》石胆石摆件，圆形，
直径:19.50cm，重:8.50kg。

《有求必应》石胆石摆件，球形，
直径:14.50cm，重:4.00kg。

《纵横天下》石胆石摆件，圆形，
直径:18.50cm，重:7.50kg。

《有求必应》石胆石摆件，球形，
直径:15.50cm，重:5.00kg。

《福禄相随》石胆石摆件，葫芦形，
长:46.00cm，宽:28.00cm，高:28.00cm，
重:60.00kg。

《神龟》手把件，龟纹石，
重:637.37g。

《我心依旧》手把件，龟纹石，
重:375.88g。

《横空出世》大化石摆件，
长:46.00cm，宽:28.00cm，高:28.00cm，
重:51.50kg。

《三足鼎立》香炉，龟纹石，
重：483.58g。

《呱呱来财》手把件，龟纹石，
重：359.99g。

《满腹经纶》手把件，龟纹石，
重：636.27g。

《心之所愿》手把件，龟纹石，
重：362.58g。

《富士山》摆件，龟纹石，超过千克。

《天生一对》灵璧石摆件，葫芦形，
长：12.00cm，宽：12.00cm，高：24.50cm，
重：7.50kg。

《天下粮仓》米粒石摆件，
长:23.50cm，宽:8.00cm，高:28.00cm，
重:8.00kg。

《吾谷丰登》米粒石摆件，
长:20.00cm，宽:5.00cm，高:25.00cm，
重:7.25kg。

《观音大士》青田石雕摆件，玉带紫袍石，
长:17.50cm，宽:6.10cm，高:30.10cm。

《一夫当关》摆件，千层石，
长:35.60cm，宽:17.80cm，高:77.00cm，
重:140.00kg。

《年年有余》红碧玉摆件，
长:41.00cm，宽:8.80cm，高:19.00cm，
重:14.00kg。

《层林尽染》红碧玉摆件，
长:13.00cm，宽:7.00cm，高:20.00cm，
重:7.50kg。

《有求必应》卡通石摆件，人形，
长：16.00cm，宽：8.00cm，高：36.00cm，
重：10.50kg。

《亚运会火炬》古铜石胆石摆件，
长：8.50cm，宽：8.50cm，高：17.50cm，
重：1000.00kg。

《自身硬》铁陨石原石，南丹铁陨石，超过千克。

《五指山》一帆风顺大化石摆件，
长：27.00cm，宽：14.00cm，高：72.00cm，
重：69.00kg。

《门当户对》青油石宅镇，
长：35.00cm，宽：30.00cm，高：78.00cm，
重：240kg+240kg。

《细水长流》奇石摆件，水冲石，
重：6.50kg。

附录二

全国大学生职业技能大赛《珠宝玉石鉴定赛项规程》

附录图 2-1

附录图 2-2

附录图 2-3

附录图 2-4

附录图 2-5

附录图 2-6

附录图 2-7

附录图 2-8

思考与练习参考答案

模块一 概论

一、单项选择题
1.B 2.D 3.B 4.A 5.D 6.C 7.A 8.C 9.B 10.C 11.B 12.C 13.D

二、多项选择题
1.ABC 2.ABCD 3.ABCD 4.ABCD 5.BD 6.ABCD 7.BCD 8.AD 9.ABC 10.AC 11.ACD 12.ABD 13.ABD 14.ACD

三、思考题
1.所谓"国石",通常是在一个国家普遍为人们所喜爱、具有优异特性和重要价值,或者是出产在该国并且在加工方面具有显著特色的宝石或玉石。和许多国家已经选定的国花和国鸟是一个道理。

2.目前全世界有40多个国家已经选定"国石",作为国家和民族的象征。
英国、南非、西非、荷兰四国均选择钻石为"国石";
瑞士、瑞典、日本和乌拉圭以水晶为"国石";
印度、法国、沙特阿拉伯、菲律宾选择珍珠为"国石"。

3.(1)福建寿山石;(2)内蒙古巴林石;(3)昌化鸡血石;(4)青田石;(5)岫岩玉;(6)和田玉;(7)独山玉;(8)华安玉;(9)绿松石;(10)红珊瑚。

4.无机宝石和有机宝石最大的区别在于形成之初,它们有无生命。

5.(略,答案要点:根据自己的属相展开论述)

6.(略,答案要点:千万不能说"我没有经历"等,要知道"没有经历也是一种经历")

模块二 寿山石

一、单项选择题
1.A 2.D 3.A 4.C 5.A 6.D 7.A 8.B 9.C 10.D 11.B 12.A

二、多项选择题
1.ABD 2.BCD 3.ACD 4.BD 5.ABCD 6.AC 7.ABCD 8.ABCD 9.ACD 10.ABCD

三、思考题
1.寿山石产于福州市北郊晋安区与连江县、罗源县交界处的"金三角"地带。

2.以地理位置划分,有上坂、中坂、下坂和碓下坂之分。

3. 用田黄石制成。
4. 西门派就是薄意派,东门派就是圆雕派。两派中有着顶级造诣的传人就是郭懋介。两派技艺的传人还有:潘玉茂为福州北门外凤尾村人,被尊称为"西门派"(也叫"薄意派")的鼻祖,传人有林文宝、林清卿等;林谦培为福州东门外鼓山后屿人,故被尊称为"东门派"(也叫"圆雕派")的鼻祖,传人有林元珠、郑仁蛟、林友清等。
5. 寿山芙蓉石收藏价值更高(叶蜡石类的芙蓉石,即寿山芙蓉石)。

模块三 巴林石

一、单项选择题

1.B 2.A 3.B 4.D 5.C 6.A 7.A

二、多项选择题

ABCD

三、思考题

1. 巴林石产于内蒙古巴林右旗大板镇北约50公里的查干沐沦苏木西北、雅玛图山北面的大化石山和小化石山一带。这一地带位于内蒙古东部西拉沐伦河北岸、大兴安岭南段山地,是科尔沁草原的组成部分。
2. 巴林石分为福黄石、鸡血石、彩石、冻石四大类。可分为不透明、微透明。巴林石呈块状,细腻润滑,晶莹如玉,是名贵的石雕材料。它是集"寿山田黄"之尊,溶"昌化鸡血石"之艳,蕴"青田封门青"之雅的印坛奇葩。
3. 在香港回归一周年之际,藏石家于占武请篆刻家崔连魁篆刻"纪念香港回归一周年纪念玺",赠送香港。在澳门回归之际,他又邀请著名篆刻家刘江篆书印文,制作了"澳门回归祖国纪念玺",送往澳门,这在区内外引起了轰动。
4. 《巴林石传奇》讲述了民国初年,一位老玉工为避免国宝巴林石鸡血王落入日本侵略者手中而奋力抗争的传奇故事。
5. 非常感动。号称"塞外第一刀"的刘振有搭上妻子一条性命,将"鸡血王"从日本侵略者手中夺了回来。观看《巴林石传奇》,有着非常深远的历史意义和重要的现实意义。
6. 成吉思汗称巴林石为"腾格里朝鲁!"意思是"天赐之石"。

模块四 鸡血石

一、单项选择题

1.D 2.A 3.C 4.C 5.D

二、多项选择题

1.ABCD 2.ABC 3.AB

三、思考题

1. 我国最早发现的鸡血石是浙江省临安市昌化玉岩山鸡血石。

2. 昌化鸡血石,享有"印石皇后"的美誉。

3. 周恩来总理将昌化鸡血石对章,作为国礼馈赠日本前首相田中角荣、前外相大平正芳。

4. 《鸡血石印》特种邮票选取乾隆、嘉庆皇帝的两枚宝玺。

5. 昌化产的这种黄石头,尽管矿物成分和田黄相同,但生成的环境不同,外部特征各异,昌化石根本就不具备寿山田黄细、洁、温、润、凝、腻之六大特点。所以,如果将昌化产的这种黄石头定名为田黄石,是不科学的。

6. 在中国,雄鸡一直为文人们所赞颂,"一唱雄鸡天下白"等名句千古流传。无论是大公鸡还是小鸡,鸡的"文、武、勇、仁、信"五德,代表了人们对道德的追求。
"鸡有五德",语出西汉韩婴所作《韩诗外传》。文曰:"鸡有五德:首戴冠,文也;足搏距,武也;敌敢斗,勇也;见食相呼,仁也;守夜不失,信也。"

模块五 青田石

一、单项选择题

1.D 2.A 3.C 4.B 5.B 6.A 7.A 8.D 9.C 10.B 11.A 12.A

二、多项选择题

1.BC   2.ABCD   3.ABCD   4.ABCD

三、思考题

1. 是的。浙江青田石不仅是中国十大候选"国石"之一,而且是中国六大正式候选"国石"之一。

2. 青田石的矿物成分为叶蜡石。

3. "石中君子"是封门青。

4. 青田石雕《丰收》是张爱廷的作品。

5. 青田石雕《高粱》是林如奎的作品。

6. 青田石雕《花好月圆》是倪东方的作品。

7. 青田石雕《春》是周百琦的作品。

模块六 岫玉

一、单项选择题

1.B 2.D 3.A 4.A 5.C 6.D 7.A 8.C 9.B 10.D 11.C 12.B 13.D 14.D
15.D

二、多项选择题

1.ABCD 2.ABCD 3.ABCD 4.BD 5.AC 6.ABD

三、思考题

1. 1983年,在辽宁海城小孤山仙人洞的古人类洞穴遗址中出土的三件软玉砍砸器,其制作材料即为仅一岭之隔的岫岩细玉沟的岫玉,距今12000年以上。

2. 红山文化与良渚文化中都出现了岫玉。

3. 岫岩被誉为"中国的玉石之乡",2006年被命名为"中国玉都"。

4. 坐落在辽宁鞍山玉佛苑中的"世界最大玉佛"是由岫玉制作而成的。

5. 不是。岫玉因在辽宁省岫岩县的产量最大而得名。除此以外,在我国许多其他地方出产的玉石,也可以叫岫玉。

(1) 南方岫玉:简称"南方玉",产于广东信宜,故又称"信宜玉"。

(2) 祁连玉:又称"酒泉玉"和"酒泉岫玉",颜色为黑绿色,内含黑色斑点和团块,呈条带状,半透明,质量较差。

(3) 昆仑玉:又称"昆仑岫玉",玉质与辽宁岫玉相似,但透明度较差,产于新疆昆仑山麓。

(4) 京黄玉:又称"京黄岫玉",颜色为淡黄到黄色,产于北京十三陵老军堂。

(5) 莒南玉:又称"莒南岫玉",颜色呈黑绿色,产于山东莒南县。

模块七 和田玉

一、单项选择题

1. C　2. A　3. A　4. D　5. B　6. D　7. A　8. C　9. B

二、多项选择题

1. AB　2. CD　3. ACD　4. ABCD　5. AC

三、思考题

1. 传统上,和田玉可以分为以下七类:白玉、带翠白玉、青玉和青白玉、碧玉、墨玉、黄玉、糖玉。新疆和田玉因主要产于新疆和田地区而得名。宛如羊脂者称羊脂白玉。

2. 2008年北京奥运会会徽"中国印"是用新疆和田玉精心雕刻而成的。

3. 和田玉中要数羊脂白玉最好。羊脂玉质地细腻,白如凝脂,柔滑滋润,给人以亲切温和的美感。

4. 古代皇帝中,要数乾隆皇帝最为喜欢和田玉。

5. 故宫收藏的玉器以和田玉为玉材的占90%以上,和田玉是宫廷玉料的主要来源。

6. 习近平说,中国人将美好的姻缘称为"金玉良缘"。2008年北京奥运会金牌就是用智利金和中国玉制作而成。这一枚枚奖牌象征着中智两国人民情同手足的缘分。

模块八 独山玉

一、单项选择题

1. C　2. A　3. B　4. D　5. A　6. D

二、多项选择题

1. ACD　2. ABC

三、思考题

1. 早在6000年以前,古人已经开采独山玉,安阳殷墟妇好墓出土的玉器中,有不少独山玉的制品。西汉时曾称独山为"玉山"。
2. "渎山大玉海"是国之瑰宝,世界玉雕历史之最,目前已知中国历史上出现最早、最重的巨型玉雕,为中国历史上的艺术珍品,亦为世界宝玉石发展史上罕见的杰作。
3. "完璧归赵"中的和氏璧属于独山玉。史书记载,和氏璧为白玉,而独山玉有一种叫"透水白"。
4. 1995年3月,镇平县被国家农业部、国土资源部、国务院发展研究中心等5家部门联合命名为"中国玉雕之乡"。
5. 我不认可"南阳翡翠"的说法。

模块九 华安玉

一、单项选择题
1. A　2. C　3. D　4. B　5. A

二、多项选择题
1. ABCD　2. BD　3. BCD　4. ABCD　5. ABCD

三、思考题

1. 华安玉出自福建省漳州市九龙江两岸,是福建省最主要的奇石品种、漳州市的"市石"。
2. 华安玉有如下品种:(1)青色华安玉;(2)粉红华安玉;(3)墨色华安玉;(4)虎皮华安玉;(5)水墨华安玉。
3. 不是。华安玉具有独特的魅力,其质地坚硬,摩氏硬度为7左右,石性温和,质地细腻,纹理清晰,花纹独特,属天然奇石类。
4. 在2000年1月举办的首届中国华安玉(九龙璧)奇石节中国国石评选研讨会上,国土资源部、中国地质大学、中国宝玉石协会的专家一致认为使用"华安玉"名称最佳。专家认为:九龙璧名称与北京九龙壁相似,且未直接体现华安玉的玉石特性。使用九龙玉名称,既能突显龙文化之内涵,又能体现它产在九龙江北溪,但是九龙江并非只在华安县城内。
5. 是的。据《龙溪县志》记载,清乾隆时期图景绮丽的华安玉曾被人们选作家藏珍品、朝廷贡品。民国初年,岭南大学黄仲琴教授也两次慕名实地考察北溪,留下了《华丰观石记》《华丰观石后记》的力作。
6. 从美学角度看,华安玉蕴含丰富的文化内涵。华安玉质美,美在坚贞浑厚;色美,美在五彩斑斓;纹美,美在构图逼真;形美,美在造型奇巧;意美,美在意味深长。

模块十　绿松石

一、单项选择题
1.A　2.D　3.C　4.B　5.B　6.A

二、多项选择题
1.BCD　2.ABCD　3.ABCD　4.BCD　5.BC　6.BD　7.ABCD　8.ABC

三、思考题
1. 我国是世界上著名的绿松石产地，也是绿松石的主要产出国之一。其中以湖北郧县、郧西、竹山一带的优质绿松石最为著名，畅销国内外。
2. 我国藏族同胞认为绿松石是神的化身，是权力和地位的象征，是最为流行的神圣装饰物。第一个藏王的王冠就是用绿松石装饰的，它被当作神坛供品。
3. 国内市场上绿松石的习惯分类就是蓝色、绿色、黄色。从等级来说，蓝色最好，绿色次之，黄色再次之。

模块十一　红珊瑚

一、单项选择题
1.D　2.A　3.C　4.B　5.A

二、多项选择题
1.ABCD　2.BCD　3.ABCD　4.AC　5.ABD

三、思考题
1. 目前红珊瑚产地主要有四个：中国台湾海域、日本南部岛海域、夏威夷群岛周边海域及中途岛海域、地中海意大利半岛南部海域。
2. 世界上65%的红珊瑚产自中国台湾，所以中国台湾海域的红珊瑚产量最大。
3. 红珊瑚可以分为三类，分别是阿卡、莫莫、沙丁。
4. 珊瑚不是海底植物，而是一种腔肠动物——海生珊瑚虫分泌的碳酸钙骨骼。珊瑚的品种繁多，品质也各异。红珊瑚属于八射珊瑚。
5. 腔肠动物是指有口无肛门的动物。食物从消化道进入腹部，消化后的残渣由口排出。比如珊瑚虫、海葵、海蜇等。

模块十二　翡翠

一、单项选择题
1.D　2.A　3.C　4.C　5.B　6.A

二、多项选择题
1.BCD　2.ABC　3.ABCD　4.ABC

三、思考题

1. 翡翠的名称来自鸟名,这种鸟的羽毛非常鲜艳,雄性的羽毛呈红色,名翡鸟,雌性的羽毛呈绿色,名翠鸟,合称翡翠;之所以将缅甸玉称为"翡翠",是因为这种硬玉常见有红色和绿色的色块,其色彩犹如美丽的翡翠鸟,这就是"红翡绿翠"的来历。
2. 世界上超过90%的翡翠产于缅甸,全世界已探明宝石级的翡翠原料仅产于缅甸北部克钦邦密支那地区的曼德勒,密支那方圆 800km² 是翡翠的主要产地。
3. 所谓"种",指的是翡翠内部的结构,"种"的通透与否已经成为衡量翡翠价值的最主要指标。
4. 所谓"色",就是指翡翠的颜色,翡翠的颜色分原生色与次生色。观其色是判断翡翠优劣的首要因素。
5. 所谓A货,就是指天然翡翠;B货就是用强酸将翡翠中的次生色去掉,然后注胶以增加其卖相;C货则是在B货的基础上染色而成,用来充当高档翡翠。
6. 所谓"点翠",其实就是点翠工艺,是我国传统的金银首饰制作工艺。

模块十三 水晶

一、单项选择题

1. B 2. C 3. A 4. D 5. B 6. D 7. A 8. B

二、多项选择题

1. ABCD 2. ABCD 3. ABCD 4. CD 5. ABCD

三、思考题

1. 我国已探明的中低档水晶矿床分布在28个省、市、自治区的109个地方。
2. 水晶文化历史悠久,古人曾赋予它一系列极富美感的雅称。中国最古老的称法叫水玉,意谓似水之玉,又说是"千年之冰所化"。
3. 巴西是一个水晶王国,其水晶储量以及年产量、出口量占世界总量的90%。
4. 西方国家认为只要是透明的都是水晶,所以"水晶"这个词既包含无色透明的玻璃,也包含天然的水晶矿石。所以他们把施华洛世奇说成水晶就不足为奇了。
5. 天然水晶符合的四大流行趋势:(1)五彩缤纷;(2)还原自我;(3)突出个性;(4)天然保健。

模块十四 青金石

一、单项选择题

1. D 2. A 3. B

二、多项选择题

1. BCD 2. ABD 3. ABC 4. ABD

三、思考题

1. 没有。中国至今未发现青金石矿床。
2. 青金石主要由青金石、方解石和黄铁矿组成。
3. 青金石的主要产地为阿富汗、智利、加拿大等国。
4. 青金石通常分为三级：宝石一级、宝石二级和宝石三级。
5. 佛教传说，青金石是药师佛的化身。除传说以外，青金石具有的药用保健价值也是不容忽视的。它对于多种失眠、焦虑、头晕、头痛等症状有着明显的缓解作用。

模块十五　孔雀石

一、单项选择题

1.D　1.A　3.D

二、多项选择题

1.ABCD　2.BCD　3.ABCD

三、思考题

1. 国际上孔雀石主要分布于以下地方：美国、俄罗斯、法国、墨西哥、赞比亚、津巴布韦、纳米比亚和扎伊尔等。此外，还有中国、澳大利亚、智利、英国、巴西和罗马尼亚等国。
2. 孔雀石可以分为普通孔雀石、孔雀石宝石、孔雀石猫眼石、青孔雀石。
3. 崇拜孔雀石的主要国家有埃及和德国，那里的人们把孔雀石作为儿童的护身符，防止邪恶入侵和雷击等。
4. 我国的孔雀石主要集中在广东阳春、湖北大冶和赣西北。

模块十六　玛瑙

一、单项选择题

1.A　2.D　3.C　4.B

二、多项选择题

1.ABC　2.ABCD　3.ABD　4.AC

三、思考题

1. 天珠可分为人工制作和天然形成的两个类别，其原始制配方法是，藏族当地人开始采用一种含玉质及玛瑙成分的沉积岩打磨天珠；后来用草料配制颜色在玛瑙上人工绘制图案，之后高温烧制成天珠。这种古老的加工方法已经失传，所以这部分天珠存世量有限，价格极为昂贵，故《新唐书》记载：一珠易良马，三珠抵高楼。
2. 西藏首次考古出土古天珠距今1800年，阿里两处墓地首次发现天珠和黄金面具。
3. 天珠的主要制作材料是玛瑙，其不同的图案有不同的寓意。
4. 目前市场上流通的天珠绝大部分是人工制作的，其图案都是用含铅的涂料画上去，之后用高温烧制的。

5. 通常说的缠丝玛瑙,其实就是缟玛瑙。所谓"缟玛瑙",是指具有缟状纹带的玛瑙,这种玛瑙具有非常细的平行纹带,颜色相对简单、条带相对平直,常见的缟玛瑙会有黑白相间的条带,或红白相间的条带。

模块十七 琥珀

一、单项选择题

1.A 2.C 3.A 4.B 5.B

二、多项选择题

1.ABD 2.ABCD

三、思考题

1. 俄罗斯的加里宁格勒生产的琥珀,占全世界总产量的90%,而且其蕴藏的琥珀仍将能开采100年。
2. 从形成的原理来看,它们是同一类东西,都是植物的树脂,只不过时间短一点的叫蜜蜡,时间长一点的叫琥珀。即所谓的"千年蜜蜡,万年琥珀"。
3. 加里宁格勒是俄罗斯最西部的城市,被白俄罗斯和立陶宛隔开,是俄罗斯的一块"飞地",这里生产的琥珀占世界总产量的90%,所以加里宁格勒又被称为"琥珀之都"。
4. 有。抚顺是我国昆虫琥珀的唯一产地。抚顺琥珀是抚顺西露天煤矿特有的矿产资源,品种丰富、质地坚韧、色泽艳丽、产量稀少,主要用于雕刻工艺品和制作首饰。
5. 蓝珀主要产自美洲的多米尼加。